省
濱離宮

増上寺
勧農局育種場
芝
開拓使出張所
水路局
陸軍省用地
松本町
金地院
神明町
浜松町一丁
宇田川町
三田四国町

近代国家をつくりあげた
機械職人たちの系譜をたどる

ものづくり
日本の源流

酒井陽太

方丈社

近代国家をつくりあげた
機械職人たちの系譜をたどる

ものづくり日本の源流

酒井陽太

方丈社

はじめに

かつて司馬遼太郎の『坂の上の雲』を読んだときの感動は忘れられない。自虐史観が常識だった時代、明治の日本が世界の列強に負けじと国を挙げて挑んでいく姿に驚き、心が踊った。それがきっかけで日露戦争を中心とした明治の資料を集めるようになり、今では段ボール箱一〇箱を超すほどになってしまった。

当時イギリスと並んで世界最強といわれたロシアのバルチック艦隊に、なぜ勝利することができたのか？　技術的な面でいえば、一に砲弾を命中させるための猛烈な訓練、二に砲弾の威力を飛躍的に高めた下瀬火薬の発明が大きいと思う。要するに人と技術がすでに当時の世界水準に達していた。いや上回っていたのだ。しかも日露戦争は明治維新からまだ四十年経っていなかったのだ。

なぜそんなに短い時間で欧米に伍して戦えるまでになったのだろう？

どうしてもそこが知りたかった。

幕末明治維新の時代、欧米列強はアジア各地を植民地化すべく侵略した。が同時に当時世界最先端の技術、知識、機械も到来した。それに日本人は大いに刺激された。

新たな時代が始まったのだ。

この同時期に清国もわが日本と同様に、欧米の最先端技術を入手している。

そこで「あの時、中国はどうして日本と同じように近代化しなかったのか」というのが、長らく私の疑問だった。中国人も同じように考えたのか、逆に「どうして日本は近代化したのか」を調査に来ているが、自国民に対するその結論に驚いた。

現代中国人には「物を作り上げる技術に対する興味」がなく、関心があるのは、一にカネ、二に命だということなのだ。日本人も最近は第一にカネを目指す人も増えたようだが、それでも私の周辺には技術第一で、金銭に恬淡としている方が多い。

平成二十六（二〇一四）年『富岡製糸場と絹産業遺産群』が、翌平成二十七（二〇一五）年に『明治日本の産業革命遺産　製鉄・製鋼、造船、石炭産業』がユネスコ世界遺産に登録されている。これらはまさに、明治の人間の血と汗の結晶である。

しかし、明治人は江戸時代に生まれ育った人々だ。

『明治日本の産業革命遺産』の一つに、釜石高炉がある。盛岡藩士大島高任《おおしまたかとう》がオランダ語の書籍をもとに作り上げた日本初の西洋式高炉だが、これが建造されたのは、安政四年の十二月一日（新暦一八五八年一月十五日）である。明治維新の十年前だ。

この高炉には、日本古来の高度な製鉄技術がふんだんに使われていて、ユネスコの審査員を驚嘆させたそうである。江戸幕府が倒れる前も後も、ものづくりに対する強い熱意は変わらず、技術の流れは途絶えていないのだ。

日本人はどうしてものづくりに心血を注ぐのだろう？

サミュエル・ハンティントンはその著『文明の衝突』で、日本を一国で孤立した異質な一文明と分類した。これには反論も出ているが、ものづくりへの異常なまでの愛着は他に抜きん出ている日本人の特質と思う。

私の家は江戸の鍛冶職人以来、四百年に渡り、ものづくりに携わってきた。その時代に応じて最先端の技術に興味を抱き、自分の物としてしまう働き方をしてきたと思う。日本人がなぜものづくりにこだわり続けてきたか。そして、世界が異質と見た性質はどこから来たものか？　その答えが自分の足元にあるのではないか。そう思って、私の家に伝わる先祖の歴史を紐解《ひもと》いてみたのだが……。

酒井陽太

「ものづくり日本の源流」目次

第一章

振り返ればそこに
未来が見える

ＡＩ（人工知能）がプロの棋士に勝ったという記事を読んだのは、かなり前だったと思うが、つい最近プロの棋士同士の対戦で、一方がスマートフォンを使ってＡＩの将棋ソフトにアクセスしたとかしないとかの事件が話題になった。もはや将棋ソフトの実力はプロ棋士の実力を遥かに凌駕し、このまま行けば人間は、絶対にＡＩに勝てなくなるだろう。「ＡＩ同士のＡＩ竜王戦になってしまう」と極端なことをいう人もいる。

ものづくりの世界でもＡＩがいずれ職人の腕を必要としなくなるであろうという人もいる。人工知能を組み込んだ機械がものづくりのすべてを行う。人間はコンピュータソフトをプログラムし動かすだけになる。職人はもう必要とされなくなる。製造の現場に人間の腕は要らなくなる……。

果たしてそうだろうか？

私にはそう思えない。将棋だって、限られた時間の中で、異常なほどの集中力をもって人間同士が戦う。素人には考えられないほどの訓練を積んだプロ中のプロがミスをしたり、思いがけない指手でドラマティックな勝利を収めたりする。そこに人間味溢れるドラマがあるわけで、当然のことながらＡＩ同士の試合には人間の息づかいはない。人間の匂いがしない。熱が伝わらない。そんなものが面白いわけがない。ただし、ＡＩ同士の究極の数学戦はありうるだろうし、それはそれでぜひ見てみたい気がする。

もちろん私はＡＩの驚くべき進化を知っている。今後ますますそのスピードは速まり、想像を絶する革命的な技術世界が現れるだろう。だが、私は人間がＡＩをいかにうまく使いこなして行くかに興味があり、人類の発展もそこにかかっていると思っている。ただＡＩは全能ではなく、まだ緒に就いたばかりであることも事実なのだ。

人間には生物発生以来、気の遠くなるような時間を重ねる中で蓄積して来た情報が詰まっている。人間が生きていくために必要な機能は殆ど解明されていないといっていい。

解明されていない情報や機能が、しかし人間の生命活動を支えているわけで、これらの情報を人工知能が軽々と凌駕するとは、到底思えない。先般ノーベル医学・生理学賞を受賞した大隅良典氏が発見したオートファジーという理論も、全く無駄に見えていた細胞の活動研究から始まった。「全く無駄に見えていた」細胞の動きが全く無駄ではなかった。どころか、人間の生きるうえで大切な仕組みであることがわかった……。などという話を聞くと、人間は頭の細胞のほんの少ししか使っていないから、その他の細胞は無駄だなんていうことはありえない……と、素人の私にも推測される。

今わかっている情報だけを大量に蓄積し分析解明する人工知能が、近々人間の頭脳を凌駕するとは私には考えられない。ましてや、人間が持つ喜怒哀楽や美に対する感性、微妙な肌触りとか何とも言い難いカーブの美しさなどというものを人工知能が理解して、人間の感性を超えて新たに創造できるものか、今のところ私には想像できない。

さまざまな集団が考え方を共有して作り上げるのが、職人の技

ハード、ソフトを含めて新たな文明の利器が生まれる時には、大袈裟に反応する人たちがいる。こうした人々は少数だがいつの時代にも存在して、正しいか否かは別として時代のいき先を教えてくれる。しかし大多数の人間は新たな時代の中で暗中模索しながら生きていく。

ものづくりも同様で、自分を取り巻く環境の中で、自分たちの意志で発想し、お客の要望に応えるべく腕を磨き、製品を作る。そこが芸術家と異なるところで、職人はお客さまの要望に応えて製品を作り、代金をいただく。「作ってなんぼ」の世界で、職人は生きている。あえて職人といわずとも、われわれ、ものづくりの人間は一つの集団（今なら会社だが）を形成して、一つの図面の意味することを理解し、それぞれが各パーツを分担しながら、最終製品を仕上げる。もちろん、今や一つの会社だけでは製品を作り上げることなどできないから、様々な集団（具体的には会社）がお客のニーズ、要望に沿って同一のコンセプトを共有して物を作り上げる。よく考えると、これはもの凄いことなのではないか。

日本人は誰言うともなく、このことを理解し、ものづくりに専念してきた。いったい誰言うともなく理解することができるのはなぜなのだろう?

私は、それが長い時間かかって日本の歴史、伝統に組み込まれて来たDNAなのだと思う。いつからかは分からないが、しかしいつの間にか私たち日本人を形成する身体の中のDNAにそうした情報が絡み合って、現在までに至っている。

これも最近の話だが、驚くべき話を産経新聞（平成二十八年十月）で読んだ。書き手は石平《せきへい》さん。中国生まれだが日本に帰化し、日本を日本人以上に愛しておられる。その石平さんが、中国に「詐欺の郷」という場所が何カ所もあると書いている。例えば福建省安渓県の長坑郷は「電信詐欺」という中国版オレオレ詐欺の犯罪基地で名をはせている。長坑には数十の詐欺集団が村ごとにあって、不法にメールアドレス等の個人情報を入手する「情報組」、それを使って全国に電話をかけまくる「電話組」、金を確実に受け取る「集金組」に分かれている。ひどい時には一日に百万本以上の電話、メールが長坑から中国全土に発信されたという。

さらに驚くのは「全郷住民3万人のうち、1万人程度がオレオレ詐欺の容疑で捕まった前科がある」というのだ。住民の三人に一人が詐欺で逮捕の前科者!

その他にも「住民がヤクザを装う詐欺の本拠地」（遼寧省豊寧県西官営郷）とか「合成写真を偽造して恐喝、ゆすりを行う本拠地」（湖南省双峰県）とか、各種取り揃えての百花繚乱。湖南省双峰県の場合、「もはや県内の郷ではなく、県全体が『詐欺の郷』と化していた」という。もはや詐欺が地場産業となり、「詐欺という名の産業」が中国の各郷、各県、各省を覆っているという記事なのである。

たまたま中国に詐欺専門の一族がいるなどという話ではない。村がらみ、町がらみ、県がらみで詐欺を生業としているというのだ。現地の共産党政府も、役所も、警察もみんなグルに決まっている。そうでなければ住民全員が詐欺を生業にすることなどできるわけがない。われわれ日本人には耳を疑う話だが、中国では当たり前なのだろう。こんなことに驚いていてはいけないのだろう。

しかし、どうしたらお客さまに喜んでもらえるかを日々考え、勤勉実直にものづくりに励もうという人間が大多数を占める日本人には、どうしても理解不能である。中国のその地域の人間の遺伝子は詐欺遺伝子が多いのか？　かつて遣隋使や遣唐使を送って、日本人が高度な文明を学んだ、その時代の中国人の遺伝子はどうなったのだろう。もう滅んだのだろうか。

日本人が受け継いだ「ものづくりのDNA」があれば憂う必要はない

こうした「小説よりも奇なる事実」を突きつけられると、ますます日本人の特性に思い至らざるを得ない。バブル崩壊以後の停滞期に、日本のGNPは中国に抜かれて世界第三位になったし、マイクロソフト、アップル、グーグルあるいはフェイスブックといった、コンピュータソフトで世界を制するような企業がアメリカには続出したが、日本には生まれなかった。その間に三洋電機やシャープのような日本を代表する製造メーカーが、買収されたり統合合併されたりした。一時期は世界を制覇したかのような勢いのあった日本企業が、何となく元気を失っている。日本国は一〇〇〇兆円もの借金を抱えているという財務省の発表などもそれに輪をかけている。これには十分異論があるが、今は措いておく。

日本はこのまま衰退し、どんどん二流、三流国になっていく。そういう言い方をする学者や評論家、ジャーナリストがいるけれども、私は眉につばをつけて読んだり、聞いたりしている。先ほどもいったが、時代が大きく変わる時には、大袈裟に反応する人間が出てくるものだ。マスコミは特に大袈裟にいわなければ、誰も振り向いてくれないから、声を大にして日本の凋落を騒ぎ立てる。

だが、われわれ市井に生きる人間はそんな声に惑わされてはならない。右往左往する必要もない。日本人がこれからの方向を考える時に忘れてならないのは、われわれには素晴らしい資産があるということである。資源も、少子高齢化で労働人口が減り、国内の市場規模もどんどん縮小していく。どこに日本の資産があるのかという疑問も湧くかもしれない。しかし、われわれには間違いなく素晴らしい資産がある。

それは、二千年を越す歴史と伝統であり、日本人が受け継いできたものづくりのDNAである。縄文時代を入れれば二千年どころの話ではない。むろん古代エジプトやメソポタミアには紀元前何千年も前に素晴らしい文明を作り上げた歴史がある。がしかし、残念ながらその後は過去の遺産を費消しながら売り食いのようになっている。それどころか、現在は貧困や紛争の地となっている。

日本はそうではない。確かに太平洋戦争に敗れ、米国の支配下に置かれ、国土も人心も一時は荒廃した。自国の歴史を信じられなくなり、米国の押し付けた歴史観や中国、韓国等の理不尽な言いがかりに今も悩まされてはいるが、我が国の歴史は世界に誇るべきものである。

われわれの暮らしは常に暗中模索しながらの暮らしだが、くよくよする必要はない。なぜなら、我が国の歴史を振り返れば、そこに未来が見えるからである。

ものづくりという小さな窓から、江戸、明治、大正、昭和を眺める

どの家にも必ず歴史がある。途切れていれば、そこで歴史は終わる。であれば、今われわれはここにこうして生きていることはできない。たまたま私が生まれた家はものづくりの家系であった。後世に名を残すような一大産業を作り上げた家でもない。庶民の暮らしの中で連綿と物を作って糊口《ここう》を凌《しの》いできた家である。このような家は世間にごまんとあるだろうが、私は何の縁《えにし》か、江戸以来の職人の家である酒井家に生まれた。江戸の鍛治屋、明治のたばこ製造機、大正昭和の工作機械、敗戦後の塗装、プ

リント基板……ときて、現在も様々なものづくりに従事している。どの家もそうだろうが、時代の環境に合わせて、何とか生きながらえて来た。

というわけで、私は学者のように日本のものづくりの歴史を語ることはできない。語れるとすれば、自分の家の歴史を振り返りながら、そこから見えてくるものづくりの歴史に限られる。ものづくりという小さな窓からしか、江戸から明治、大正、昭和を眺めることができない。

しかし、小なりといえども、江戸以来ずっとものづくりに携わってきているから、面白い話もあるし、であればこそユニークな物の見方もできるのではないかと密かに考えたりもする。

むろんものづくりや職人だけが日本の伝統を担ってきたわけではない。が、私はものづくりこそ日本の土台なのではないかという考えを捨てきれない。日本人の物の考え方や生き方、自分の職業に対する態度の根底に、職人的なるものがあるように見えて仕方がない。

他国の人は知らぬが、日本人ノーベル賞の受賞者を見ていると、自分の定めた研究テーマに一心不乱に向かい合い、こつこつと課題をこなし続け、職人的な技法で精密に仕上げる。あたかも職人が金属の表面を「キサゲ」(刃先が鈍角になった金属表面加工専用のノミ)で磨き上げ、鏡面に仕上げていくプロセスに似ている。

鍛冶屋からはじまる酒井家の歴史をひもといてみる

酒井家は江戸時代、鍛冶屋であった。

「鍛冶」の二文字は、上が「鍛える」で下は「冶(金属や鉱石をとかして、ある形につくること)」。もともとは、金属を硬質に仕上げることを意味する。職種としての「鍛冶」も、おもに鉄材の質を硬くして、目的とする道具となるよう高熱と圧力を加えながら仕上げる仕事である。

古くから、鍛冶屋といえばまず、刀剣を作る工匠を指していた。刀剣は三種の神器のひとつであり、戦国の世では武士の命にたとえられたことから、刀匠は「大鍛冶《おおかじ》」

と呼ばれていた。一方、鋤《すき》や鎌《かま》、鍬《くわ》などの農具や生活上のさまざまな金具を作る工人を「小鍛治《こかじ》」と称したという。

もっとも、歌舞伎の舞で知られるところの『小鍛治』は、京の刀工・三条宗近が稲荷明神の加護を得て、宝剣「小狐丸《こぎつねまる》」を作った話に由来するので、大鍛治・小鍛治は必ずしもはっきりと分かれた呼び名とはいえないようだ。

むしろ、鍛治という職名の中には高位武家の御用を賜り、苗字帯刀を許された名匠もいれば、刀剣の鍔《つば》や兜《かぶと》、鉄砲といった武具の製作、あるいは鋤や鎌などの農具を専門に作り、農耕馬の蹄鉄打ちまで引き受ける、俗に「野鍛治《のかじ》」と呼ばれる職人がいた、と考えるのが妥当かもしれない。わが酒井家の先祖は、後者の野鍛治だった。

ヨーロッパにおいては既に『旧約聖書』にその原型が登場しているが、古代ギリシアの壷絵や古代ローマの浮彫りにも力強くハンマーを振るう姿が描かれている。鉄鉱石を打ち砕き、熱火の中から鉄器を産み出す神秘的な力を持った鍛治職人は、古代から中世に時代が変わっても、鍛治の仕事が産業革命以降の製鉄工業となる近世まで、尊敬を集める仕事であった。これと同様に、刀剣や槍、鉄砲、甲冑……と、戦闘に必須な武器、武具を作るという点で、日本においても鍛治職人は尊敬された。

余談になるが、金属は統治者にとって食料や水、塩などと並んで支配せねばならぬ貴重な資源である。坂上田村麻呂《さかのうえのたむらまろ》の時代から東北を含む東国は、豊かな金属資源の産地として侵攻の対象となった。源頼朝の平泉征伐も秀吉の奥州征伐も、非常に高いレベルにあった採鉱、冶金技術が狙いでもあったらしい。

室町時代に足利尊氏が始めた日元貿易や足利義満の日明貿易では、日本から金、銀、硫黄と並んで刀剣が輸出されているが、元や明が欲しがったのは刀剣そのものでなくて、それを溶かした良質の鋼材であったといわれている。当時の支那大陸には、日本ほどの高品質の鉄鋼を作り出す技術がなかったのだろう。硫黄はもちろん火薬原料であり、これもまた当時から日本製は質が高かった。これらは足利地域付近から産出され、利根川を下って「江戸」に運ばれ、そのまま西国や支那大陸に運ばれた。すでに江戸は物資の集散地として機能していたようだ。

江戸は、鎌倉にある円覚寺の荘園のひとつに過ぎなかった

江戸は「入り江の戸」で江戸。すでに江戸は鎌倉幕府のご家人、江戸氏の支配する良港であったが、その後鎌倉円覚寺の荘園となり、関ヶ原合戦の十年前、豊臣秀吉に命じられた徳川家康の江戸入りまで続く。途中太田道灌《おおたどうかん》が居城を築き、それが江戸時代の江戸城（千代田城）の前身となり、明治以後の皇居になっていく。江戸が鎌倉にある円覚寺の荘園だったなんて、知っている人は意外に少ないのではないか。

平安時代の後期、秩父から出て来た桓武平氏の一族が入植し、江戸氏を名乗ったわけだが、江戸氏の一族は各地に分散し、私にはなじみ深い大田区の鵜《う》の木も丸子も江戸氏の分派、後裔《こうえい》である鵜木殿や丸子殿が住んだ場所が地名になっている。その他に六郷（大田区）、渋谷（渋谷区）、中野（中野区）、阿佐ヶ谷（杉並区）、そして後に述べる金杉《かなすぎ》（港区）も、江戸氏一族の名残りの名前である。

それはともかく、江戸以前の日本は戦国時代だが、戦国時代の戦闘は槍、長刀、弓

矢、鉄砲（西洋伝来の火縄銃）で行われた。しかし実のところ刀剣は、斬《き》ればたちまち人の血脂がこびりついて、沢山の人数を斬るには、あまり役に立たなかったようである。おそらくは数名がいいところかという説もある。実際の戦闘でバッタバッタと斬り殺すなんて技は、余程の腕でない限り有り得ないし、その前に斬られてしまうだろう。しかも刀剣が戦闘に使用されたのは、まだまだ牧歌的な戦闘が行われていた戦国以前のようである。

戦国時代後の江戸時代には殆ど戦闘がないから、再び刀剣が実際に使用されたのは、幕末の京都であった。これは狭い路地等で斬り合ったから、日本刀がよかった。今の日本人が刀で斬り合うのを当たり前のように考えるのは、この頃の様子が前提となっているのではないか。しかし、蛤《はまぐり》御門《ごもん》の戦闘や鳥羽伏見《とばふしみ》の戦いともなれば、やはり鉄砲だったのである。

そして、戦国時代こそは鉄砲の時代である。天文十二（一五四三）年九月二十三日、現在の鹿児島県大隅《おおすみ》諸島に位置する種子島《たねがしま》に中国の貨物船が漂着した。その船に乗っていたポルトガル人から、種子島の島主である種子島時尭《たねがしまときたか》が二挺の火縄銃を購入する。あまりにその鉄砲の威力が凄く、どうしても欲しかった時尭は、当時としては法外な金額を出したらしい。鉄砲の模倣を命ぜられた刀工は銃尾の底を塞ぐ方法がわからず、可愛い娘まで差し出したという逸話もあるが、それほど「凄い」ものだったのだろう。いや、実際にとんでもない代物だった。なにしろ、その後の日本社会をすっかり変えてしまうのだから。

鉄砲伝来の正確な年代や経路等には、いろいろな説があるようだ。だが本書は専門書ではない。それよりも、ほぼこの頃ヨーロッパに大航海時代が到来し、スペインと話をつけたポルトガルが先ず東洋に進出。結果、どん詰まりの日本にやって来たということには、間違いないと思われる。

日本は戦国時代から、新しい技術を磨くパワーを持っていた

むしろ恐ろしいのは、その後の日本人の対応である。

ポルトガルからの火縄銃はたちまち燎原の火のように全国に広まり、戦国大名は争ってこれを買い求めた。もともと堺（和泉）、根来《ねごろ》（紀州）、国友（近江）等の高い刀剣鍛錬技術があったから、それぞれに工夫を加えて鉄砲を大量に生産した。

そのうえ、世は戦国時代である。戦国大名ばかりでなく他の勢力も競って鉄砲を買い集める。戦国大名の他に武装宗教勢力として最大の経済力、軍事力を持っていたのが浄土真宗本願寺派であり、本山が摂津の石山（大阪市谷町付近）にあった石山本願寺である。

当時、全国制覇を目指していた織田信長にとって、石山本願寺は最大級の抵抗勢力であった。織田信長は石山本願寺との戦いに十年余を費やしたが、石山本願寺軍は八〇〇〇を越す鉄砲を有して織田軍に対峙したというから凄い。

しかし当時の鉄砲の威力をあからさまに示したのは、何といっても長篠《ながしの》の合戦（一五七五年）だろう。四万人近い織田信長・徳川家康連合軍と一万五千人の武田勝頼の軍が三河国長篠城で戦ったわけだが、このとき、織田・徳川連合軍の鉄砲隊は一〇〇〇挺ずつ三隊に分かれ、勇猛果敢の代名詞であった武田の騎馬軍に対峙し、これを打ち破る。石山本願寺との戦いは十年だが、長篠の戦いはたった一日である。たった一日の戦いに、三〇〇〇挺の鉄砲隊を用意できたのだから凄いし、この戦いがそれまでの合戦の常識を完全に変えてしまうわけである。

これはなにも織田信長だけではない。各地の戦国大名がとんでもない数の鉄砲を所有していた。『鉄砲を捨てた日本人』（中公文庫）という書物によれば、その頃、日本だけが鉄砲の大量生産に成功している。ヨーロッパよりもアラビアよりも日本は工業国で、その輸出品は鉄砲であり、鉄砲伝来以来の少なくとも二世紀間ぐらいは、世界有数の武器輸出国であったという。当時のイギリス軍全体の鉄砲所有数は、日本の上位大名六名が所有した鉄砲の数よりも少なかったというのだから凄まじい。

しかも世界最大の武器輸出国になるまでに、さほどの時間がかかったわけではない。当時の先端技術を採用した途端、たちまち自家薬籠中の物にしてしまうなどと聞くと、現代の話かと勘違いしてしまいそうだが、戦国時代の話なのである。つまり日本という国は、すでに戦国時代から新しい技術の真贋を見極め、これは本物だとわかるや否や、たちまち技術を磨き上げて海外に輸出するだけのパワーを有していたわけである。

宣教師は、海外の情報を自国に伝える諜報の役割も担っていた

こうした日本を眺めれば、破竹の勢いで東洋を侵略していたヨーロッパ諸国も日本には手出しできないと考えたかもしれない。当時このような情報を本国に書き送っていたのは、貿易船に同乗して来たスペイン、ポルトガルの宣教師である。宣教師はただキリスト教を広めるためだけに海を渡ったわけではない。海外の情報を自国に伝える諜報の役割も担っていたと、日本サイドは見ていた。実際にそう白状したスペインの船の乗組員がいた。つまり、スパイである。

宣教師らは、日本は他のアジア諸国とは違って手強いから、やたらに手を出すなと、本国に伝えた。一方の日本サイドはキリスト教の威力を知れば知るほどかなり警戒するようになったが、それ以上に、ヨーロッパ諸国が侵略していた諸国からの情報を持っていたからである。宣教師を送って来たスペイン、ポルトガルを排除し、宗教色の少なかったオランダと交易を行ったのもうなずける話だ。

具体的に見ると、織田信長はキリスト教に対してあまり脅威を感じていない。むしろ興味を持った様子が窺え、鷹揚である。だからこそ、切支丹《きりしたん》（カトリック教徒）に改宗する者が増えていったわけで、各地に南蛮寺と呼ばれる教会堂やコレジオと呼ばれた宣教師養成学校が建てられた。キリスト教徒は貧しい者の中に広まり、一時は数十万人に及んだし、自ら進んで洗礼を受けるキリシタン大名も出てくる。大友宗麟、有馬晴信、大村純忠らは、天正十（一五八二）年、少年使節をローマ教皇のもとに送っている。天正の遣欧使節として有名である。

豊臣秀吉も初めキリスト教の布教に寛容であったが、キリシタン大名の領地で、切支丹が神社や寺院を破壊したり、キリシタン大名の大村純忠が長崎をポルトガルの領地として差し出したり、先に述べた「宣教師は植民地化の先兵なり」との情報を入手したりすると、伴天連《ばてれん》（宣教師）追放令を出し、キリシタン大名のキリスト教信仰を禁ずる（一般の武士、庶民の信仰は禁じていない）。さらにはフランシスコ会の信徒を処刑した。

関ヶ原の合戦（一六〇〇年十月二十一日）の半年ほど前に、豊後国《ぶんごのくに》（今の大分県）の臼杵《うすき》の浜にリーフデ号というオランダの商船が漂着する。この船にはイギリス人やオランダ人が乗っていたが、スペインの宣教師らは「すぐに彼らを処刑しろ」と大坂城の豊臣秀頼に訴え出ている。当時はオランダがスペインからの独立を獲得すべく血で血を洗う戦いを繰り広げていた時期で、イギリスはオランダを支援していたから、当然と言えば当然。

さてその船に、ウィリアム・アダムスというイギリス人とヤン・ヨーステンというオランダ人が乗っていた。このウィリアム・アダムスを徳川家康はいたく気に入り、日本名を許し、西洋式の帆船を発注したほどだ。

そして家康は話を聞くうちに、先の宗教戦争の事情を理解する。結局カトリック教のスペイン、ポルトガルとは交易せず、オランダとの貿易が中心になっていく。

当時のヨーロッパの政治状況が極東の日本にまで影響していた面白い話だが、もう一人のヤン・ヨーステンは日本人の嫁をもらい、江戸城付近に屋敷を建てる。それが今の東京駅辺りで、当時八代洲《やよす》、今では八重洲と呼ばれている。「ヤン・ヨーステン」が「八重洲《やえす》」になって残っているのだ。

というわけで、話を江戸に戻すが、徳川の時代になると、あれ程消費された鉄砲使用は沙汰止みになる。徳川家康が鉄砲の製造を独占したのだ。これで、長きに渡った戦国の世がほぼ終了。その頃の日本人も相当疲れていたのではないか、早くゆっくり休みたいと思ったのではないか、だから禁止令も許せたのではないか。

かくして鉄砲の生産量は減るし、刀剣もどんどん実用的でなくなり、美術工芸品のように変化していく。鍛冶職人も刀剣や野鍛冶が多くなっていくのである。

先祖の伝右衛門は、赤穂浪士の討ち入りの道具を作ったといわれている

ここで我が家の話をすると、私から四代前、高祖父は酒井伝右衛門《さかいでんえもん》といった。「伝右衛門」は代々、家系を継ぐ者がずっと名乗っていたものだが、「酒井」の姓はこの高祖父の代からのようである。それまで、平民には苗字帯刀は許されていない。明治五（一八七二）年に「平民苗字許可令」が出され、庶民にも苗字をつけることが許されたことが、そのきっかけだろう。

酒井家の過去帳をたどると、

金物屋伝右衛門　文政十二（一八二九）年六月十二日没

〃　〃　天保九（一八三八）年三月十二日没

酒井伝右衛門　明治二十四（一八九一）年一月十九日没

〃　太郎吉　明治二十九（一八九六）年七月廿六日没

とある。なお、これから本書に多く登場することになる酒井太郎吉《さかいたろきち》は、三十三歳の若さで没している。

酒井家で最後の伝右衛門を名乗った高祖父から遡って七〜八代前の金物屋伝右衛門《かなものやでんえもん》は、元禄（一六八八〜一七〇四）の頃に、すでに江戸の片隅で鍛冶屋を営んでいた。金物屋伝右衛門は、天野屋利兵衛《あまのやりへえ》（赤穂事件の際、義士の吉良邸討ち入りを支援したといわれている）から頼まれ、赤穂義士の討ち入りの道具を作ったと、わが家代々、正月の鞴《ひ》初め（仕事始め）に語り伝えられている。

実際に義士たちが使ったどんな道具を、どれくらい作ったのか。確かめる術はない。そもそも赤穂義士たちが、主君浅野内匠頭長矩《あさのたくみのかみながのり》が江戸城松の廊下で吉良上野介《きらこうずけのすけ》に斬りつけ、切腹に処せられてから主君の仇を討つまで、大石内蔵助《おおいしくらのすけ》以下はその準備を

（上）泉岳寺山門　（下）赤穂義士墓
（ともに泉岳寺提供）

すべて秘密裏に行っており、平民である野鍛冶に話すわけがない。

がしかし、赤穂義士らが誰かに討ち入りの際の道具を発注したことはあっただろう。現に様々な道具は現存しているのである。まったくの嘘っぱちなら、正月の改まった席で長らく語り継がれることはなかっただろうから、ここは事実として考えておきたいと思うし、その方が面白い。

浅野長矩と赤穂義士が眠る芝・高輪の泉岳寺《せんがくじ》内には、義士たちが使った諸道具が収蔵、陳列された赤穂義士資料館がある。主君浅野内匠頭と赤穂義士らが泉岳寺に眠っている理由は、泉岳寺が浅野家の菩提寺であったからだ。泉岳寺は徳川家康が桜田門付近、現在の警視庁の辺りに建立したが、三代将軍徳川家光の時代に火事で焼失する。そこで浅野家等に命じてこれを高輪に移した際に、浅野家との縁が生じた。

数々の陳列品のなかには、龕灯《がんどう》（携帯用ランプ）、手鈎《てかぎ》（木製の柄の先に金属のカギがついた道具。荷物を運ぶときに引っ掛けて使う）のような金属の製品も多いが、とくに感心するのは、鎖襦袢《くさりじゅばん》（鎖帷子《くさりかたびら》ともいう）である。

鎖襦袢は、今でいうところの防弾チョッキのようなもので、太刀先の斬り込みや矢を直接肌に受けないように着込むもの。材は鉄で、細い鎖を布地のように編み合わせてあるのだが、そこに高い技が要求されることは一見しただけでもわかる。おそらく鍛冶の分野の延長でもある「錺職《かざりしょく》」と呼ばれる精密な金属づくりに近い仕事か、当時は、鎖襦袢専門の職があったのかもしれない。

これらの品々が今も泉岳寺に残っているのは僥倖である。というのも赤穂義士討ち入り後、義士たちがすでに葬られていた主君浅野長矩の傍らに葬られると、当時の和尚が彼らの所持品であった金銀・諸道具を売り払って山門建立の費用にしようとしたのだ。それが世間にバレて、義士たちの所持品は寺に戻されたといわれる。

ちなみにこの寺にはもう一人著名な人物が眠っている。高島嘉右衛門《たかしまかえもん》（一八三二〜一九一四）である。高島嘉右衛門の名前は自ら開発した横浜の高島町に残っており、現在は市営地下鉄の駅名になっている。かつては東急東横線の駅もあったが、今は廃止されている。また、高島嘉右衛門の名前を残すものに高島易断《えきだん》がある。高島嘉右衛門の占いはよく当たったようで、伊藤博文の暗殺者の名前まで当てたともいわれ、高島易断として今に続いている。

金物屋伝右衛門が義士たちの道具を作ったとして、はたして、これらの金属製品のうちどれを手がけたのか、それは……まあ当然のことわからないが、高祖父までは鋤や鎌、鉈、鍬などの農業金物、大八車の芯棒や楔金、家具につける引き手や錠前、飾金具、建築用の鎹《かすがい》を作っていたらしい。そして、喫煙具の金属部、つまりキセルの金具部分も作っていた。

というわけで、ここでも赤穂義士とわが家のつながりが……などと想像してしまう。赤穂事件を題材とした人形浄瑠璃および歌舞伎の演目『仮名手本忠臣蔵《かなでほんちゅうしんぐら》』は、寛延元（一七四八）年、大坂竹本座での初演以来、もっとも人気の高い演目である。なにしろ初演から超満員のロングラン。

その当時、これを掛ければ必ず大当たりするというので、『仮名手本忠臣蔵』は芝居の「独参湯《どくじんとう》」といわれた。独参湯とは、朝鮮人参が入った強精薬、気付け薬のことで、劇場が不入りになってふらふらになったら、『忠臣蔵』の気付けを打ちゃあいいんだといわれたらしい。おそらくいまだに、日本で一番有名な歌舞伎芝居であろう。

この『仮名手本忠臣蔵』の登場人物・早野勘平を演じる市川団蔵を描いた浮世絵（役者絵）があるが、その手に持つのはキセル。ひょっとして、それは伝右衛門が作ったものではないかなどと勝手に義士に思いを馳せ、当時の職人の暮らしぶりを想像するのである。

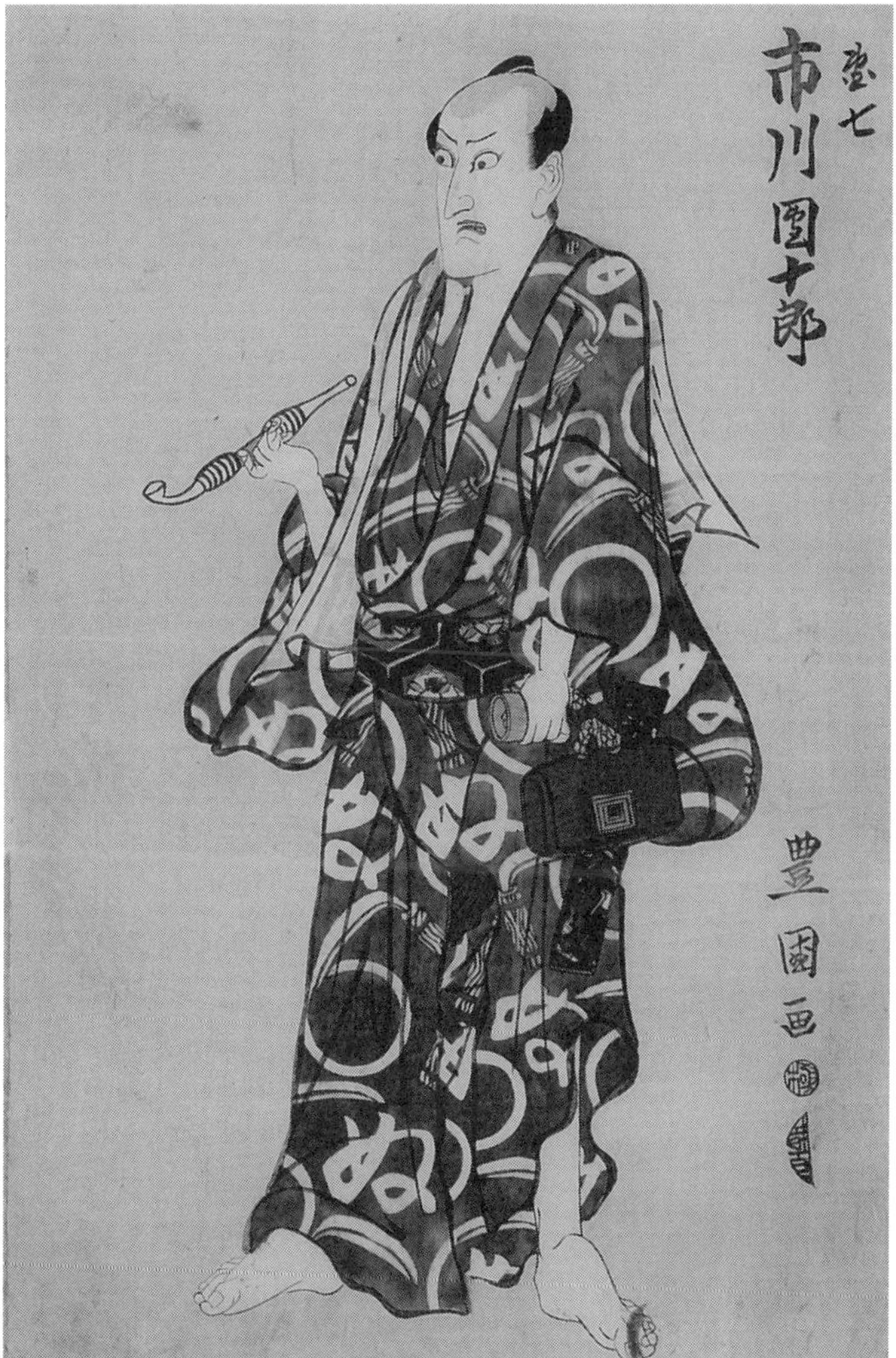

「曽我祭侠競　七代目市川団十郎の魚屋団七」歌川豊国作
（「たばこと塩の博物館」提供）

さらには明治になって酒井の家が隆盛を誇るきっかけになった「たばこ刻み機」の発明も、金物屋伝右衛門がキセルの金具を作っていたことこそ、その源流なのではないかと思ったりもする。

十六世紀後半〜十七世紀初頭にかけて西洋から日本に伝わったとされるたばこは、江戸時代半ばには庶民の間に広まった。そしてそれは、たばこを細く刻んでキセルに詰め、嗜むという日本独自の文化へと発展する。『仮名手本忠臣蔵』の役者絵に限らず、浮世絵や引札・絵ビラ、挿絵本など江戸時代の庶民の暮らしを映す絵には、キセルが多く描かれている。

庶民の暮らしに密着した農業金具を作っていた金物屋伝右衛門が、人々に多く使われていたキセルの金具を手がけるようになったのは、ごく自然の流れだろう。そして、それは代々、作り継がれた。そうこうするうち、わが家系の中でもっとも好奇心旺盛で、才があったと考えられる酒井太郎吉が、明治末期に登場するが、これは後の章に詳述することにする。

第二章

近代国家の骨組みを作り上げた職人たち

日本は技術の国——そういわれ続けてきたし、むろん今もそうである。最近は少し心配になるようなこともあるが……。

他国と自国を比較するからこういういい方をするのであって、ほぼ国を閉じていた時代には無縁の考え方である。四囲を海に囲まれていればなおのこと、国家という意識はなかったのだ。しかし幕末明治維新の頃になると、欧米列強が何の遠慮もなく、勝手に日本近海に出没し、開国しろと迫る。開国しないとどうなるかなと脅す交渉使まで出て来る。開国しないと中国みたいにやられるぞと忠告してくれる国もある。いくら日本の都合だからといっても引き下がらない。困った状況になっていたのだ。日本がのんびり平和に暮らしている数百年の間に、ヨーロッパでは宗教戦争から始まってさまざまな事態が進行していた。

フランスに革命が起こり、イギリスに産業革命が進行していた。それまでとは全く次元が異なる産業社会が出来上がり、近代的な国家意識を持った諸国が成立し、優劣を競い合っていた。具体的にはそれが、植民地の獲得競争に現れ、東洋を食い尽くしていった。そのどん詰まりが日本だった！

国土が狭く天然資源の少ないこの国が発展し欧米列強に追いつくためには、いや目前に迫る欧米列強の植民地にされないためには、国を開き、近代化を急ぎ、軍事力強化は必須の条件であった。そのためには教育の普及につとめ、技術力を高め、近代的な独立国家としての道を拓き、一丸となって進んでいくしかない。ともかく今は欧米の力による侵略に対し、どう対応すべきかが喫緊の大問題であった。

普通、こうした大きな見方は国家の責任者の考え方であって、庶民レベルではこうした考えを持ちよう筈がない。ところが、日本人は各々の持ち分、領域で健気《けなげ》にも似たように考えた。吉田松陰だとか坂本龍馬だとかのレベルはもちろんだが、わが職人たちもまた、自分たちを国家と同一視する気概をもって技を磨き、専門分野を切り開いていく。江戸、明治の日本人にはほんとうに頭が下がる。

いったいどうしてこのような考え方が、市井の職人にもできたのか？

今から考えるとほんとうに不思議なことだが、私は教育の普及率の高さがその一因であったのではないかと思う。幕末に日本全国の庶民が学んだ寺子屋の数は、なんと一万七〇〇〇軒近くあった。江戸市中だけでも、一三〇〇軒ほどあったといわれている。むろん寺子屋は「読み書きそろばん」を基本に教えたわけで、世界情勢を教えたとは思われないが、人間としての基礎的な教育はなされていた。職人の子どももまた寺子屋に通って学んだ。

有名な『菅原伝授手習鑑《すがわらでんじゅてならいかがみ》』を庶民が楽しんだという事実は、江戸庶民の文化度、成熟度がかなり高かったことを意味している。むろん地域格差は大きかっただろうから、全国民が読み書きできたということは有り得ないが。

ヨーロッパで読み書きを習おうという学習意欲の発端は『聖書』に対する宗教的な動機である。特にプロテスタントが拠り所としたのがグーテンベルクの『聖書』だ。グーテンベルクは活版印刷の父と呼ばれるが、広く『聖書』を普及したいという熱意が動機であった。これが基になって『聖書』はプロテスタントの国々に広がる。各家庭で『聖書』を読んだのである。カトリックの地域では、家で『聖書』を読まなかったようだ。

日本では宗教的な動機ではなく、生きていくための現実的な動機だった。

こうした庶民大衆の文化度の底上げがあってこそ、明治近代国家の立ち上げは早く、日本は欧米列強の植民地化を免れ、アジアで唯一の近代国家足り得たのだろう。

こうした環境を整えたのが、江戸時代であったことはいうまでもない。明治以後の教科書では、江戸時代を暗黒の時代のように教えた。江戸封建社会は身分が固定化し、武士以外は（さらにいえば徳川家以外は）自由が奪われた非常に不自由な社会だったと教えたのである。だから戦後まもなくまでは、徳川家康は狸親父《たぬきおやじ》で因業爺《いんごうじじい》だった。農民は死なないようにだけして、ギリギリまで搾取されていたと教科書に書いてあった。

しかし、現政権は前政権の正当性を否定するのが常である。どの国のどの時代の政権でも同じだ。

ようやく時代が進んで現在では、江戸時代は新たに見直されつつある。

実際の江戸社会はかなり流動的な社会であったようだ。一つの村に生まれたら、もう一生そこから出られなかったなどということはなかった。時々やって来た外国人が旅行記を残しているが、東海道を行き来する人数に驚いている。今も新幹線は満杯だが、当時も庶民が大勢往来していた。

江戸時代にはかなりな数の旅行ガイドが出版されており、伊勢参りはもちろん、善光寺参りのような旅行もあれば、富士講のように江戸の庶民が富士山までお参りと称して出掛けることもあった。そもそも江戸市中の人口は徳川家康が入植して急激に増え始め、関ヶ原の合戦の頃はすでに六万人くらい。それがどんどん増えて、最盛期には百万人を超す世界最大の都市になっていた。それらは農村等からの流入人口である。

江戸のような大都会に移り住んだ職人や商人らにはほとんど税金がかけられていない。おそらく幕府も、定住者でない「工」「商」階級の人々を把握できなかったのだろう。だからその分、不安定で自己責任で生きなければならなかったが、一方自由に生きることはできたのではないか。

江戸後期、武士階級が貧しくなり、豪農、豪商が出てきた理由

江戸時代は石高《こくだか》（米の生産高）を基準にした社会である。大雑把にいうと、大名からその家臣まで、身分は石高で表わされた。加賀百万石とか二〇〇石取りの旗本とか一〇〇俵取りのご家人《けにん》とかいえば、大概その地位や経済規模がわかる。

これが一年間の収入だとして、誰がこれを負担するかというと、もちろん米の生産者たる農民で、これすなわち年貢。つまりは税金である。税率は生産量に対して取り

分を決め、「五公五民」といえば税率五〇パーセント、「四公六民」といえば四〇パーセントのこと。ただ現在と違うのは、税金は個人にかかったわけではない。村にかけられたのである。

問題は、あらかじめ決められた石高と現場の生産高に差が出始めたことだ。時に大飢饉などがあったが、江戸期を通じて生産量が増えていた。時々検地《けんち》（立入検査）をして、石高を見直すのだが、それなら生産量が上がったので加賀百万石が加賀百二十万石になったかというと、そうはなっていない。大名の取り分はあまり変わらない。また米以外の畑作等については、低税率だった。

それなら増収分は誰が取ったかといえば、もちろん農民である。累進課税もなければ相続税もない。つまりは武士階級がどんどん貧乏になり、百姓以下が豊かになったのが江戸時代であったと考えられるのだ。江戸後期になると、各地に豪農、豪商が出てくるのがその証拠である。

なぜ田畑の生産量が上がったのかというと、すでに江戸の早い時期に新田開発がいくところまでいっており、江戸の開発ブームはとっくに終了していた。その中で行えるのは、土地の生産性を上げることだ。農民は土地改良や肥料や稲の品種改良等に励んだ。

しかしながらもっとも進んだのは、鋤や鎌、鍬を始めとする各種農具の発展発達だった。確かに土地や肥料の改良が生産性を上げることに間違いはないが、何といっても道具が進歩することが一番農民の生産性向上に役立った。

という社会的背景があって、野鍛冶が必然的に重要な職業になっていったのだと思う。最大の主要産業である農業が発展し、農民人口が増え、しかも戦闘のない時代。鉄砲鍛冶も刀鍛冶も食えない。それならばと、野鍛冶に転じていったのだろうと想像する。そして、その中にわが先祖もいたのではないか、と想像をたくましくするのである。

職人とは、自ら身につけた技によって、手作業で物を作り出すことを生業とする人のこと。江戸時代の士農工商における「工」にあたる人たちである。確かに表向きは、身分的に低い位置にいたけれども、工も商もほとんど無税に近いので、豊かといえば豊かだったし、職人は決して蔑まれていなかった。それどころか、腕のいい職人は尊敬を集めていた。

例えば誰でもすぐに思い浮かぶのが「左甚五郎《ひだりじんごろう》」であろう。日光東照宮の眠り猫、上野東照宮唐門の龍、京都知恩院の忘れ傘や鶯張りの長廊下……と、左甚五郎の名前は全国津々浦々に響き渡り、残された作も多い。ただし制作年代を追うと、安土桃山時代から江戸後期に到るため、特定の一人ではないといわれている。それなら、単に伝説の人物で架空の話かというと、実際に甚五郎は存在している。つまりは各地に存在した名工を左甚五郎という名前で総称したのではないか。

これに似た話は、「聖徳太子は複数いて、それらの総称である」等があるが、偉人にはこうした伝説がつきものである。とにかく、左甚五郎のような優れた職人は全国のような各地におり、穴太衆《あのうしゅう》のような石工職人の集団は、豊臣秀吉や徳川家康に依頼されて安土城等の石垣を組み上げている。戦国大名が競って城を建てていた頃は、こうした職人集団が全国各地を渡り歩いたようである。

現在もそうした集団が存在している。今にも続く寺社建築の金剛組《こんごうぐみ》である。創業がなんと飛鳥時代で、聖徳太子に百済から招聘された宮大工の金剛が創設者。西暦五七八年が創業だというから驚く。もちろん、世界最古の企業である。こうした会社はほかにも存在するが、帝国データバンクによれば、百年を超す寿命の企業が日本には二万六〇〇〇社、五百年を超す企業は五十社あるそうだ。こんな国は、世界中どこを探してもない。

良いものを大事にして品質改良を重ね、さらにそれを磨き上げるという日本人の生き方、考え方が、その土台にあると思う。

奈良や平安は知らないが、少なくともある時期からの日本人には、身分、職種によらず「より良いモノを作ろう」というある種の前進志向が生まれたのではないか。そのことが、この極東の小さな島国を「技術大国」へと押し上げたもっとも大きな理由ではないだろうか。

江戸時代、神田は職人の町であり、工業の町として栄えてきた歴史をもつ

現在の東京駅丸の内口から皇居に向かっていくと、和田倉門《わだくらもん》という交差点がある。和田倉の和田は「わた・わだ」のことで、「海」を意味する。ここにかつて倉があり、

塩や海産物が貯められていた。家康が江戸に入った頃は、ここまで日比谷の入り江が入り込んでいた。その東側が江戸前島と呼ばれ、そこから神田の方を眺めるとその先に丘陵地帯が見えた。今はなき神田山、現在の神田駿河台だ。そこで後ろを向くともう海。現在の東京湾だ。

そんな場所に、天正十八（一五九〇）年、豊臣秀吉の指示によって、徳川家康はやって来た。当時はこの小さな漁村がまさか大江戸になり、大東京に変じていくとは思いもよらなかったろう。そもそも家康は秀吉の命令で来たのであって、その後も京都や駿府（静岡市）に居住することが多かった。

日比谷の入り江は神田の山を切り崩して埋め立てた。江戸城は元来太田道灌の居城だったが、家康は西国大名に命じて石を運搬させ、堅固な城にしていく。石垣用の石は、伊豆半島の熱海、宇佐見、伊東、川奈……と東海岸から石船で運ばせた。今でも石切り場の跡が残っている。

慶長九（一六〇四）年、石船の総数三〇〇〇艘（！）、薩摩の島津や福岡の黒田を始めとする西国三十一の大名が天下普請《てんかぶしん》と呼ばれる築城に参加した。当然のことながら、大名たちは人的にも経済的にもかなり疲弊する。この当時の家康は、関ヶ原の合戦に勝利し、征夷大将軍に任じられていたものの、大坂城には豊臣秀頼が陣取っていた。まだまだ予断を許さない時代。家康の目的がどこにあったかがよくわかる。

普請はこれで終わらず、さらに慶長十九（一六一四）年、第二次の天下普請が行われた。この年が微妙である。大坂冬・夏の陣の直前だ。この普請を命じられた大名の大半は、豊臣秀吉子飼いであり、いつ大坂城に加勢するかわからない。そこで、江戸城普請の手伝いをさせつつ大坂城攻めを命じている。二重苦である。大半の大名はもうこれでお手上げ状態。そして大坂城は陥落し、疲弊した大名も支配終了。徳川の天下になった。

神田のやや北のエリアは丘陵地帯であったが、江戸はかなり起伏のある土地だった。今も東京は坂の多い都市である。

まずは神田の山を切り崩して入り江や湿地であった低地を埋め、その後、四十年あまりをかけて、大都市の中心部をなす下町の造成が行われた。生活物資等を運ぶ水運のための堀割り。生活に必須な上水、そして下水のインフラ。江戸はヨーロッパの都市に比べて、かなり清潔な町であった。

同時並行して全国の大名が上屋敷、中屋敷、下屋敷を作る。その配下の武士たちの家もできる。工事人夫も流入する。それらを目当ての商人、職人も入ってくる。だから、初期の江戸は男だらけの町だったらしい。

江戸は、かなり人工的な、よそ者が作り上げた町といえる。もちろん武士の人口も多かったが、地方の大名家は参勤交代で定住者でない者も多かった。常に見知らぬ者がすれ違う都会で、それは今も変わらない。東京は他の都市と違って、東京に住んだ時から東京人になる。もしこれが京都で、住んだ日から京都人ですといえるか。絶対にいえないだろう。京都の特殊性もあるが、他の都市でもほぼ同様であろう。つまり東京は成り立ちからして、コスモポリタンが住む町なのである。

さて、平地となった神田の町には多くの職人たちが住まうようになった。

古い地図を広げてみると、神田のあたりには竪大工町《たてだいくちょう》、鍛冶町、鍋町、新銀町《しんしろがねちょう》、司町等々、職種を表す町名が多く見られる。今でいう工業団地といったところだろう。

ちなみに、職人の町としては神田のほかに、同じく下町の京橋や日本橋あたりでも、木挽町《こびきちょう》、鞘町《さやちょう》、弓町、紺屋町、塗師町《ぬしちょう》、畳町、人形町、箔屋町《はくやちょう》……と、さまざまな職業の名前が地名となっている。

ここで気付くのは、江戸城とそのお濠を囲むようにびっしりと立ち並んでいた高位武家の住まいに近い場所には、同じ職人でも金銀箔、人形、刀剣、革細工、弓師、鞘師といった「奥御用承り」の職人が多く住んでいたということだ。

一方、神田には鍛冶、鋳金といった諸金属を扱う職人が多かった。現在のJR神田駅あたりから須田町、小川町《おがわまち》へとつながる大通り（今の靖国通り）には貴金属の細工屋が多かったという。神田駅のすぐ下には、煙管《キセル》商として名のしれた「村田」、店先に錫《すず》の盃や燗をするちろりを飾っていた「錫半」、屋号に「銅」の字がついた金物商、彫金の置物屋、刀剣商といった店が並んでいた。

また、神田川を境とした橋向こうへ渡り、和泉橋から美倉橋《みくらばし》にかけては佐久間町河岸と呼ばれ、機械鉄工屋が軒を連ね、あたりには物を叩いたり回したりする大きな音が響いていたという。以上のことから、江戸時代、神田は職人の町であり、工業の町として栄えてきたことがわかる。

水利の便を求めて、芝浦に移り住んだ神田の職人たち

こうした職人たちはいつまでも神田の町に留まるわけにはいかなかった。幕府のおひざもとから少し離れた場所への、疎開の必要が出てきたのだ。日本全体が外国からさまざまな刺激や影響を受け、それまでに経験しなかったような大型機械の導入や、精密度の高い工作が要求されたことにもよる。

江戸中期の宝暦・明和（一七五一〜七二）年代になると、先進的な文化人たちは苦心して洋書を翻訳、医術や兵学の方面から、日本を長い眠りから覚まそうと努力した。「寛政の三奇人（経世論家の林子平《はやししへい》、尊皇思想家の高山彦九郎、儒学者であり、尊王論者・海防論者の蒲生君平《がもうくんぺい》）」や蘭学医の杉田玄白らが警鐘を鳴らし、黒船来航を予期するような時代を迎えていた。

それまで、職人たちはみな職場兼住居で仕事をしていたが、工業製品の規模が徐々に大きくなり始めるとそこでは手狭になり、また、町中ゆえ騒音や火煙、蒸気などい

わば公害の類が近隣の住民に及ぼすことも少なくなかった。

そこで、より広い土地を求めて神田の町中を離れざるを得なくなったが、あまり離れすぎては取引先との交流に困り、資材の受け渡しも不便となる。と考えると、水利の便のよい海沿いの地を選ぶのが自然で、芝浦の埋立地から品川海岸沿いがそれらの適地とされたのだ。

今の芝浦あたりは明治の初めまでは品川の海で、その海辺に土を盛って鉄道（東海道線）が敷かれた。当時は、現在のJRの線路よりも内陸側に浜があり、次に五十メートルほどの幅で民家が立ち並び、その次に東海道（現・国道一号線）があったようだ。鉄道が敷かれる前は、東海道から家並みの切れ目、切れ目に品川の海が見えたという。

神田から多くの職人たちが移り住んだその土地は、芝「村」から芝「区」となった。ちなみに、現在の「東芝」の芝の字は、この芝という地名に由来する。九州・久留米より東京に出てきた、「からくり儀右衛門」こと田中久重はこの地で田中工業を興し、それがやがて芝浦製作所となり、さらに発展を重ねて「東芝」となったのだった。

なお、神田の職人たちが広い土地と水利の便を求めて移り住んだ先は、芝浦あたりのほかに現在の本所・深川・亀戸方面があった。前者は機械工業が多く、後者はガラ

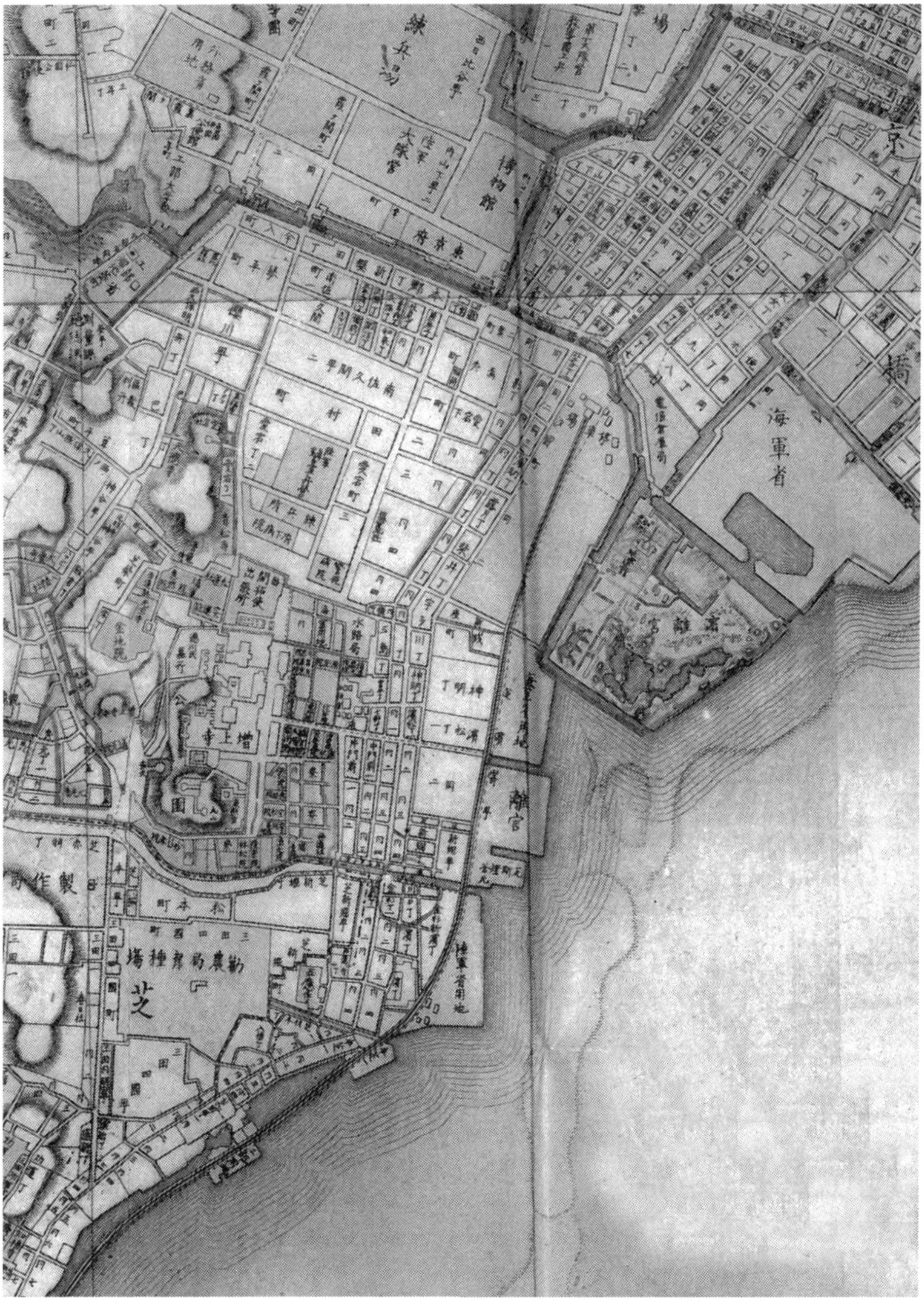

明治11年(1878)内務省地理局作成「東京実測全図」

ス、皮革、化学製品を扱う職人が多かったという。
そして後年、明治・大正・昭和と時代が進むにつれ、さらに大きな土地を求めてそれぞれ伸びに伸びて発展。前者は京浜工業地帯に、後者は京葉工業地帯を形作ったのである。

酒井伝右衛門が息子に「伝右衛門」を継がせなかった理由

何代目の頃かはっきりしないが、金物屋伝右衛門は芝・金杉川口町に引っ越した。金杉川口とは文字通り、金杉川（現・古川）の河口に臨んだ漁師町である。先に述べたように、金杉は江戸氏の一族である金杉氏の名前だ。川口は文字通り川口にあったからだろう。芝は芝が生えていたから。これはほんとうらしい。

金杉川の幅は広く、現在の三倍近くあった。川岸には舟寄せ場や釣船宿があり、漁があれば小さな〝せり〟も立ったところらしい。実際、川辺には投網が干し並べられ、露地には海苔を干す「しび（ひび、とも呼ばれる）」が山積みされていたそうだ。

いまも古川に架かる金杉橋は、江戸時代、東海道を下って旅する人が、送ってきた家族や友人らと別れを惜しむ場所だった。明治生まれの老人に、子どもの頃に遊んで友だちと別れる時に、電灯もないような薄暗い路地で「あばよ、芝よ、金杉よ」と言ったものだと聞いたことがある。よほど人口に膾炙《かいしゃ》していたのだろう。

金杉橋はまた、安藤広重の「名所江戸八景」に描かれており、赤穂義士たちが討入り後、本所から泉岳寺に向かう際に渡ったことでも知られている。

金杉川口町という地名は今はもうない。だが現在も東京・芝大神宮を訪ねてみれば、神宮所蔵の文化財である「力石」にその名を見ることができる。

力石とは、重い石を持ち上げて力くらべや「曲持ち」を行った際に使う石のこと。江戸時代後期の文化・文政期には、職業的な力持ち力士による興行が行われていたそうだ。

芝大神宮の力石には「五十貫余」のほか「川口町　金杉藤吉」の名が刻まれている。これは、明治時代に活躍した力持ち力士の一人、芝金杉川口町に住む山口藤吉、通称「金杉の藤吉」のことだ。芝大神宮で力持ちの興行があった時、金杉の藤吉は、この石を片手で上げたのだといわれている。

そうした長く漁師町として栄えてきた金杉町に、神田から多くの職人たちが移り住み、その中のひとりに何代目かの金物屋伝右衛門がいたのであろう。最後の伝右衛門を名乗った高祖父も変わらずその地で、先祖代々の技を受け継ぎ鍛冶屋を営んでいた。

ここで彼は、ひとつ革新的なことをする。ひとり息子に「伝右衛門」という名を継がせず、「太郎吉」という新たな名前を付けたのである。

私の曽祖父にあたる酒井太郎吉は、江戸時代も押し詰まった元治《げんじ》元（一八六四）年、金杉町に生まれた。上に姉三人のいる末っ子、伝右衛門にとっては念願の男の子だった。

当時はまだ、たとえ一介の職人の家であっても、世襲の者だけに伝えられる屋号や名義は、現在では考えられないほど大切にされていた。にもかかわらず、跡継ぎである息子に伝右衛門ではなく「太郎吉」と名付けたのはなぜなのか。じきに新しい時代が訪れることを、頭のどこかで薄々感じていたのかもしれない。芝金杉に太平洋からの新しい風が吹いていたのかもしれない。

実際のところ「元治」の元号は一年しかなく、その後に「慶応」が三年、そして四年後の一八六八年九月八日から「明治」の世が始まったのだった。

わずか一年だった元治という年は、物騒な事件が相次いだ。その前の年に長州藩が、英・米・仏・蘭四カ国の艦隊を向こうにまわして砲撃を交えた「下関《しものせき》事件」から尾を引いて、六月には京都三条の「池田屋騒動」（長州・土佐の倒幕派数十名の謀議中、新撰組の近藤勇らが襲撃、多数を殺傷した事件）、翌七月には「蛤《はまぐり》御門《ごもん》の変」があり、それに引き続いて第一回の長州征伐が始まった。

また、蘭学に秀でた思想家、兵学者であり電信の元祖でもある科学の先駆者、佐久《さく》間象山《ましょうざん》が、京都三条木屋町《きやまち》で襲撃され暗殺されたのもこの年。佐久間象山の木挽町《こびきちょう》の兵学塾には、勝海舟、吉田松陰、坂本龍馬といったそうそうたる人材が学んでいる。勝海舟の妹は象山に嫁いでおり、象山が暗殺された時、海舟の嘆きようは半端でなかったといわれている。元治という年は、殺伐の気に満ちた激動の一年だったらしい。

国家的大激動とは直接かかわりのない民間職人・酒井鍛治屋の仕事場へも、様々な情報、風聞が伝わらぬわけがなかった。何といっても、東海道の道筋から十メートルほど海岸寄りに小路を入った場所に住んでいるのだ。当時は人家もまばらだったので、街道を往来する人々の話す声が聞こえたようだ。

ラジオもテレビも、もちろんインターネットもなかった時代、情報は街を行き交う人々のうわさ話から伝わっていった。嘉永六（一八五三）年に横須賀・浦賀へアメリカの黒船がやってきたことも、いち早く知った筈だ。

ことに、慶応三（一八六八）年に起きた「薩摩藩邸焼討事件」については、薩摩藩邸がほんのご近所で、金杉から品川宿へと通ずる街道の筋に接していたため、火の粉も飛んできたかもしれない。また、品川沖に停泊中の薩摩藩の船に向けて逃げる浪士たちが走り抜けたかもしれない。逃げながら、通り沿いの民家に火を放ったらしいから、近くの家が燃えたかもしれない。これだけ見れば騒がしい、危険な時代だ。

かつての教科書に描かれた「支配階級の搾取に搾り取られ、争乱に巻き込まれた哀れなる人間たち」という江戸の庶民像はもう時代遅れだが、それでも幕末は血で血を洗う大争乱の時代と教えられている。それは事実だろうか？

実は庶民レベルの暮らしは落ちついたものだったようだ。渡辺京二著『逝《ゆ》きし世の面影』という素晴らしい本がある。幕末明治維新の激動期に、海外から来た外国人が残した浩瀚《こうかん》な日記、報告記を読み解いた名著に、その実例がもう山盛りで紹介しきれないが、日本が豊かな国だとの印象は、来日した外国人の皆が持ったようだ。

「封建領主の圧制的な支配や全労働者階級が苦労し呻吟させられている抑圧についてはは、かねてから多くのことを聞いている。だが、かれらのよく耕作された谷間を横切って、非常なゆたかさのなかで所帯を営んでいる幸福で満ち足りた暮らし向きのよさそうな住民を見ていると、これが圧制に苦しみ、苛酷な税金を取り立てられて窮乏している土地だとはとても信じがたい。むしろ反対に、ヨーロッパにはこんなに幸福で暮らし向きのよい農民はいないし、またこれほど温和で贈り物の豊富な風土はどこにもないという印象を抱かざるをえなかった」（初代英国公使オールコック）。

　オールコックがこれを書いたのが、どうも安政六（一八五九）年頃らしいのだが、この年はいわゆる「安政《あんせい》の大獄《たいごく》」の年なのである。大老井伊直弼《いいなおすけ》が吉田松陰《よしだしょういん》、橋本《はしもと》左内《さない》、梅田雲浜《うめだうんぴん》らを死刑にし、一橋慶喜《ひとつばしよしのぶ》（徳川慶喜）、松平春嶽《まつだいらしゅんがく》、山内容堂《やまのうちようどう》、川路《かわじ》聖謨《としあきら》らを蟄居謹慎に処し、翌年の「桜田門外の変」につながっていく年なのだ。世間はもう上を下への大騒ぎ。大動乱の時期と思っていたが、どうもそんな雰囲気ではなさそうだ。社会は落ちついていて、オールコックが見た日本の庶民は幸福に楽しく暮らしている。

　また庶民は、貧しいけれども、清潔で、健康的で、快活で、よく笑い、好奇心が強く、正直で、誠実だという。こうした記述が多いところを見ると、この頃は暗殺が横行する暗い時代ではない。それどころか、むしろ普通の日本人、名もなき庶民の暮らし向きは、貧乏ではあるが、花見をしたり、芝居を見たりと豊かなものだった。

三百年続いた江戸が明治と変わり、京都から若い天皇を、ついきのうまでの江戸城に迎えて遷都が成ったのは、明治二（一八六九）年の五月。前年九月には「江戸ヲ称シテ東京ト為ス」という詔書が出ている。江戸は東京になる。すでに東京〜神奈川間に電信が開通し、東京湾の突端である観音崎と野島崎に初めて灯台が点じられている。何とも早い時代対応と感心する。

その二年後の明治四（一八七一）年には、廃藩置県が実施されている。廃藩置県は藩をなくして県を置いた程度に考えている人が多いが、とんでもない。武士が自らこれまでの既得権すべてを手放した恐るべき「一大革命」なのである。こうした大改革と並行して、明治五年、新橋〜横浜に鉄道が開通している。政治的な動きとは別に、工事はどんどん進んでいたということだ。

文明開化は、いまや陣痛から産声に変じたのだった。

ものを製作するのが生業であり、代々受け継がれてきた家系

さて、酒井伝右衛門は、工夫が好きで一つの物事に取り掛かると凝り性を発揮して没頭する、息子の太郎吉を頼もしく見やりながら、自分は生活の糧である家業に精を出し、ときにはアイデアの裏付けとなる助言もしたり、また実際の製作にも力を貸したり、そんな父親だったようだ。

「からくり儀右衛門」の評判が刺激となったのだろうか、世間一般に、新しいものへの憧れが広まり、薬品、衣料、器具、農具、乗り物……などに「□□式」、「○○型」といった新案・改良品が次々に登場した。

先に述べた高島嘉右衛門が、私財を投じて日本初のガス燈を灯したのは、明治五（一八七二）年のこと。その二年後には、太郎吉の地元、金杉橋から京橋まで八十五基のガス燈が灯った。それまで、夜になれば外は漆黒の闇であることは当たり前であったが、ガス燈は夜を明るく照らした。これぞ文明開化。その文明開化の象徴が太郎吉の

家の目の前に現れたのである。

同じ年に出来上がったのが、群馬県の富岡製糸場である。

日本の生糸は江戸以前から上質で、海外からは垂涎《すいぜん》の的であったが、当時は海外の商人が大量に購入したため、生糸を扱う商人の中から、莫大な利益を上げる者が出てきた。生糸は当時の日本を支える有力な輸出商品であったから、明治政府は国営の製糸工場を建てようと考えた。明治を代表する実業家で『論語と算盤《そろばん》』を書いた渋沢栄一の義兄で、栄一に論語を教えた尾高惇忠《おだかあつただ》（この人も凄い人）が初代場長となったが、当初は苦労があったらしい。

「外国人はどうも若い女の生き血を飲むらしい」との噂が流れ、人が集まらない。ワインを生き血だと勘違いしたのだ。尾高は自分の娘を工女第一号として雇い、かつての士族の娘らを集めた。その結果、近隣のみならず全国から女工志望者が集まったという。

給料はもちろん、教育や福利厚生制度も、当時としてはかなりの好待遇であったといわれる。後に民営化されるが、こうして全国に生糸工場が設立され、近代日本を支える有力な産業になっていく。

今も変わりないが、当時、自分のアイデアを具体化し実現させせようと、失敗を繰り返しながら工夫実験を凝らす人を、世の中の人々は「発明狂」と呼んで、一種の変人扱いにした。凝りに凝って親譲りの身代を傾けるような者が出れば、「困ったものだ。あれは狂人だ」と親戚知人から指弾を受ける例もたくさんあったはずだが、その意味では、伝右衛門・太郎吉父子は恵まれた立場にあったといっていいだろう。

元来、ものを製作するのが生業であり代々受け継がれてきたのだから、父も子も「考えて、ものを作り出す」ということが生来好きな道であったに違いない。父親としては息子の考案好きや凝り性に若干の心配を抱いたかもしれないが、酒井の家としては、金属を使い木材をあしらって道具を作り出すという行動は、きわめて自然なことだった。

太郎吉はかなりの凝り性であった。彼が自作の機械を組み立てて試しに動かす場合、それを影絵に映してはしきりに見ていたと伝えられている。今であれば、これはビデオで撮影をして、操作の流れがスムーズに運ばれるか否かを客観的に見る、というやり方にほかならないだろう。

実際にはどういう影絵をどのように映して見たのか知る由もないが、太郎吉の器用さと機知と綿密さが読み取れる逸話である。

このように、わずかな歩みながらもさまざまものを考え出しては作ったであろうその先に、葉たばこの細刻機《きざみ》（キセル用のたばこ細刻機）があった。そしてこの発明こそが、酒井家家業の現代への流れの源流的存在となったのである。太郎吉が考案した葉たばこ細刻機についての詳細は後の章に譲る。

太郎吉が考案した
葉たばこ細刻機《きざみ》が産声をあげる背景

ここでは、その機械が生み出される背景について触れておきたい。

先にも述べた東芝の祖であり、近代技術の先駆者といわれる田中久重（からくり儀右衛門、一七九九～一八八一）は、九州の久留米に生まれ、金属細工や時計技術、絣《かすり》織機の考案やからくり人形などに精巧な技術と飛び抜けた才能を発揮した人物だ。

儀右衛門は「事業の発展には東京を舞台にせねば」と大志を抱いて、明治六（一八七三）年に上京する。この年なんと、七十三歳。二年後に店と陳列場を、東京きっての目抜き通りである銀座八丁目に出した。そこで機械仕掛けの考案品の数々を陳列して、人々を驚かせた。東芝の前身、電信機製造の田中製造所だ。

からくり儀右衛門が亡くなった年、太郎吉は十八歳である。火事と喧嘩は江戸の花。物見高いが江戸っ子気質《かたぎ》。太郎吉はこの店に何度も通ったことだろう。金物屋の跡継ぎとして、なにより新時代の新産業の勃興を目の当たりにして、儀右衛門には大いに触発されたに違いない。

後に、太郎吉が発明することになる「たばこ細刻機《きざみ》」は、長年にわたって他業者の追随を排し続けたが、その開発の萌芽は、彼が十五〜十六歳の頃にすでにあったと考えていいだろう。太郎吉のたばこ細刻機だけでなく、金杉町からは多くの機械装置（からくり）が生まれた。

儀右衛門が銀座へ進出した明治八（一八七五）年は、あたかもアメリカの物理学者アレクサンダー・グラハム・ベルが有線電話を発明した年にあたる。

そしてその三年後、明治十一（一八七八）年には中央電信局が開業し、開業式にアーク灯（直流のアーク放電を光源に用いたもの）が日本で初めて点《とも》され、人々は文明の進歩に目をみはった。文明開化を象徴する「電灯発祥」の記念として、銀座通りの真ん中に高々と建つ一本の柱のてっぺんに輝く二千燭光アーク灯の、昼をあざむくような光に驚きの声を上げている人々。そんな有様が極彩色で描かれた錦絵が、今でも残っている。

もちろん、明治の文明開化が万人謳歌のうちにすらすらと成就したわけではない。実際には、少数の新進気鋭と保守派の旧来思想との衝突や競い合いは絶えず、国じゅうのあちこちに騒ぎが相次いだのであるが、ともあれ「治《おさ》まる明《めい》」と「明治」を逆さに読んで揶揄された時代も、徐々に治まる。治まるどころか急激な近代化を成し遂げつつ、西欧列強との不当な不平等条約等を正常化すべく、国民一丸となって明治国家を作り上げていくのである。

太郎吉は明治二十（一八八七）年に結婚。その前年に「酒井工場」を創設している。鍛冶屋も、その頃流行《はやり》の「工場《こうば》」を名乗ることになり、後に酒井鉄工所と変身していく。鍛冶屋であったものが、各種の生活用具・運搬機・工作機・各種の部品製造等と、日本の産業進歩に合った変遷を遂げて大河の流れをたどるようになる。

江戸から東京へ、近世から近代へ、身の回りから広く国内、国外へ、急速に日本のものづくりは変容を遂げていく。それは単独の職人の所業ではない。皆それぞれに職人仲間か材料の仕入れ仲間・仕事場の兄弟弟子・親方のもとで一緒だった、よく顔を合わせていたというネットワークが機能していた。さらにこれらが枝分かれし、裾野として広がっていくのである。

これらを裏付ける産業技術の基礎も、長岡半太郎（一八六五〜一九五〇、物理学者。大阪大学初代総長・学士院長。明治三十四年、世界にさきがけ原子模型を発表、光学と物理学の分野に大きな業績を残した）、本多光太郎（一八七〇〜一九五四、東北大学金属材料研究所長・同大総長。ＫＳ鋼・新ＫＳ鋼を発明、合金・冶金・鉄鋼業界の権威者・最初の文化勲章受章者）といった、各界の先駆恩人達によって、漸次基礎作りが緒についてきたのだった。

酒井工場では、時代の流れに乗って旋盤やボール盤・平削盤など基本的な働きをする、今日から見れば機械ともいえないものではあるが、こうした機能の機械を自製し、機械工業を業《なりわい》とするようになる。

この頃は皆、欧米からわずかな数だけ輸入される優れた機械を見て、真似をし、各自が工夫を重ねて試作していた。たとえば、酒井工場と同じく金杉川口町に「池貝工場」があったが、明治二十二（一八八九）年に国産旋盤第一号機を、二十九（一八九六）年には国産第一号の石油エンジンを製作している。その後、池貝工場は池貝鉄工所となり、日本の工作機械の老舗企業として現在に到る。

なお、池貝鉄工所の創立者で「日本の工作機械の父」と呼ばれた池貝庄太郎氏と「朝比奈鉄工所」の朝比奈孝太郎氏とは何かの縁で親戚関係にあり、また朝比奈孝太郎氏と酒井鉄工所とは、孝太郎氏の妹が伝右衛門の長女なみの長男のもとに嫁に来ている。要するに、同業であり友人であるという関係のほかに、嫁に行った、もらったなどの縁があったのである。

産業の勃興期には、同業相互の親近感からこんなことが自然だったのだろう。それは、単に商売敵としてではない、いい意味でのライバル同士が競い合いながら技を究めることにつながった。日本の高い技術は、こうした職人たちの切磋琢磨の中から生まれ、発展していったのだ。

当時、機械類の動力源は布製ベルトを人の手で回すか、足踏みで力を起こすという時代だった。工場の規模によっては明治四十年頃まで、おもな動力源は人力か水車に依っていたようだ。

その後、発動源は石油エンジンから瓦斯エンジンへとめまぐるしく変化していったが、電気発動機時代の到来は、しばらく待たねばならなかった。

夜の照明は石油ランプで、暗くて危険も多かったが、それでも油皿に灯心で火をつけそれを紙で囲った行灯《あんどん》にくらべれば、ガラスのほやを通したランプの光は煌々として、さぞ輝いて見えたことだろう。

第三章

鍛冶屋から工場へ。
機械装置師《からくりし》の誕生

たばこが日本に伝来したのは、例のポルトガル人らが鉄砲とともに種子島に漂着した時と同時だといわれている。ほかにもいくつかの説があるが、まあその頃のことなのだろう。

たばこは江戸時代、すでに庶民の生活に溶け込んでいた。

日本では、たばこはその葉を刻んだものを「キセル」で吸うという喫煙スタイルが主流になる。キセルやたばこ入れ、たばこ盆など喫煙のための道具も、職人たちによってあれこれ考案され、作られていた。

葉たばこは、伝来当初から手で刻まれていた。葉たばこの葉脈を取り除き、数種類の葉を合わせて重ねて四つ折りにした「巻き葉」を手で抑えながら、たばこ包丁で刻むという方法だった。はじめは粗く刻んでいたが、そのうち細ければ細いほどよしとされるようになる。江戸時代後期には熟練の職人の手によって、「こすり」と呼ばれる髪の毛ほどの細さ（約〇・一ミリメートル）に刻んだものが高級品として好まれていたという。

職人たちの生産能力は、熟練者で一日に三・五キログラム。だが、喫煙の風習が庶民に広く浸透してくると、その需要にこたえるため、刻み作業の効率化がはかられる。

そこで機械職人たちが活躍した。

江戸末期には、木工の鉋《かんな》の原理や縄の巻き上げを利用した木製の「かんな刻み機」、俗に「カンナ」と呼ばれる機械が登場する。これは寛政（一七八九～一八〇一）の末から文化（一八〇四～一八一八）の初め、四国の阿波、池田地方で実用化されたといわれ、要は木を削る鉋と同じ原理である。

〆台《しめだい》と呼ばれる道具で強く圧搾した葉たばこをセットし、踏み木を踏むと歯車と連動する滑車や縄によって葉たばこがせり上げられ、鉋を引くと削られて刻みができる。これは能率がよく、一台につき一日に約二〇キログラムの刻みたばこを作ることができた。手刻みにくらべると約五～七倍の生産力アップである。

しかし、この方法だと葉たばこの間に油を塗る必要があり、そのため品質が悪く、おもに下級品の製造に使われていたが、続いて、弘化（一八四四～一八四七）頃までに歯車やラック（歯竿《はざお》）などの動力を使った木製の「ぜんまい刻み機」が江戸で発明された。

俗名「ゼンマイ」は、一～四個の歯車を巧みに使い、包丁の上下運動と葉たばこの送り出しを同時に行う。座り作業のため能率はさほどよくなく、製造能力は手刻みの約三倍の約一〇キログラム／日と、かんな刻み機のおよそ半分だったが、製品の質は格段によくなり上級製品の製造に使われた。なお、このぜんまい刻み機は、明治以降の刻み機械の基本的な機構とされた。

明治に入ると、刻みたばこの製造技術にも欧米の技術が取り入れられ、たばこ刻み機は大きな進歩をとげる。座作業のゼンマイから、クランク機構を使った足踏み式が考案され、さらに水車や蒸気機関、石油発動機などの動力を導入。経営規模が拡大した。明治三十七（一九〇四）年、たばこが正式に専売制となる。大蔵省専売局は民営の各たばこ会社が使っていた刻み機を徴収しそれを使っていたが、機械の性能にばらつきがあって、安定した品質の刻みたばこを量産することができなかった。

そこで、専売局は明治四十三（一九一〇）年に刻み機の品評会を開催。機械職人たちは、刻み機の品質の向上とその均一化、刻みたばこ生産の効率化と量産化を可能にする刻み機を生産する必要に迫られることになる。

当時、たばこ刻み機は摺動《しょうどう》機構（スライド面）の違いによって、「近藤式」「飯島式」「酒井式」などに大別された。酒井式細刻《きざみ》機。それは、凝り性でアイデアマンでもあった曽祖父、太郎吉が生み出した機械が始まりである。

少年だった太郎吉が目にしていたのは、かんな刻み機、または重ねた葉の束を包丁式の刃物で刻むタイプのものだった。

明治四十三年、全国業者品評会で、最優秀金賞を受賞

当時、機械の主体はすべて木製。それは、指物大工による緻密さと精密度保持に必要な頑丈な木材構造の本体、鍛冶職人の手による機器部分の合作品だった。その両者の質が揃わなければ、機械はうまく動かない。酒井工場では、若い太郎吉のアイデアと、その父・伝右衛門の熟練した製作力がうまく協力しあっていた。

考案を重ねに重ね、最初に作られたのは、明治葉たばこを一定のごく細い幅に素早く刻む機械である。正確な年号は記録されていないが、おそらく明治二十年代（一八八七年頃か）のことだ。

それは、当時の自動送り出し機械としては画期的なもので、葉組（たばこの葉を、厚みが平均するように先端部と葉柄部との交互に重ね合わせ、機械の裁断にかなう厚さにまとめること）された束をリズミカルな速度で駒口（裁断部）へ送り出しつつ、その仕切り部で正しく上下運動する鋭利な刃で所定の幅に刻む、という仕組みで、非常に高度な機能を備えていた。

伝右衛門・太郎吉親子は、この機械を民間のたばこ製販業者に売った。それが「酒井式細刻《きざみ》機」である。

その後、日清戦争から日露戦争へと進んでいくなか、戦費が必要となった政府は「明治三十一（一八九八）年に「煙草専売法」を実施。当初、政府はたばこの葉のみを管理し、刻みの操作は民間業者に賃加工させていた。しかし、製品の仕上がりにムラが多く選別にも困難を極めたため、種々雑多な機械を政府がすべて買い上げて破棄。先述したとおり、明治四十三（一九一〇）年、「全国業者品評会」を開催した。

この時、太郎吉が発明した「酒井式細刻機」は最優秀金賞を受賞。専売局の統一機として、全国のたばこ専売工場へ一手に納入することになった。

しかし、残念ながら太郎吉、そして彼を支えた父、伝右衛門も、その栄誉に浴する

酒井式細刻機
(「たばこと塩の博物館」提供)

ことはなかった。伝右衛門は明治二十四（一八九一）年に、太郎吉はその五年後の明治二十九（一八九六）年に三十三歳という若さで亡くなっている。

品評会で金賞を受賞した「酒井式細刻機」は、太郎吉の長男、寛一が足踏み式から動力機構に変えたものである。そしてそれは、優良な性能の刻み機として全国の専売局で八十余年にわたって活躍し続けた。

芝の大火の後、太郎吉、腸チフスに倒れる

ここで少し、太郎吉が早逝することとなった経緯をたどってみようと思う。

太郎吉が亡くなる前の年、明治二十八（一八九五）年の歳末に、芝一帯に大火事が起きる。酒井工場も難を逃れることはできず、全焼した。当時発刊されていた「江戸の華」という火災記録のような冊子には、次のように記されている。

「廿八年十二月十二日午後二時。芝区金杉三丁目十番地増田平之助方より出火せり。同日は風勢急なりしかば、倏忽《しゅっこつ》の間に四方に延焼し、全く鎮火したるは五時頃なりき。焼失戸数百五十七戸、電信電話柱七本、郵便函一基、寺院六ヶ所にして、消防夫の負傷せし者六名。発火の原因は過失なり。出火の際に家財を鉄道線路に出したるもの多かりしかば午後四時四分発赤羽行列車の如きは之が為め進行すること能はず、線路係は斡旋して漸くに排除し、始めて発車するに至りたりといふ」

事業も順調、めでたい正月を迎えるはずだった酒井工場は、思いもかけない大災厄を被ったのである。

太郎吉は何よりもまず、建物の再建と焼けた機械の修理に取り掛かる。家族には、焼け跡に小屋掛けをして雨露をしのがせ、太郎吉は寝る時間もなく無我夢中で奔走した。

このとき再建した酒井工場は、当時としては画期的な建材であり、流行の先端でもあった赤レンガ積みである。太郎吉は、借金がかさんでもかまわない、今度こそ類焼の憂き目になど遭《あ》ってたまるものかと意気込んで不燃建築としたのだろう。

ちなみに、この赤レンガ造りの工場は、大正時代に起きた関東大震災にも、第二次世界大戦の激しい空襲下にも耐えて無事に残った。現在は取り壊されて現存しない。

しかし、酒井家が被った災禍にはまだ続きがあった。

衛生思想や設備が未熟だった時代には、大火や洪水などの後には必ずといってよいほど伝染性の病が流行した。汚水の氾濫などによる病原菌の蔓延が原因だ。

例にもれず、芝の大火の後にも腸チフスが流行した。チフス菌は、汚染した飲み水からまたたく間に拡がってしまう。夜もろくに眠らず八面六臂の復興動力を続け、疲労困憊しきっていた太郎吉は病魔に冒された。

太郎吉は、日比谷の胃腸病院に入院したが、この疫病の常として「あっ」という間もないほどあっけなく逝ってしまった。明治二十九（一八九六）年七月二十六日のことである。

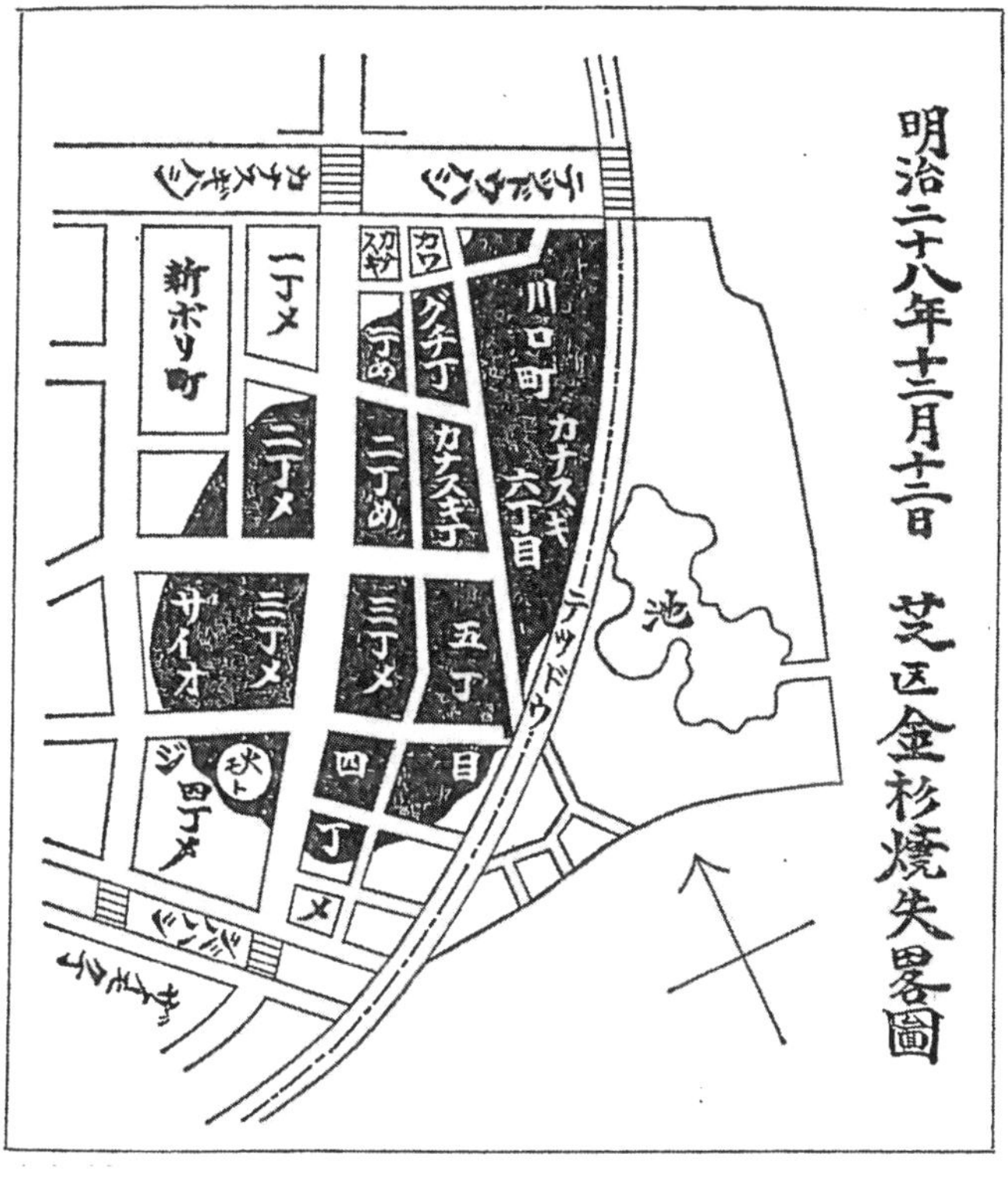

明治28年12月12日
芝区金杉消失略図

未亡人ふさが選んだ、家と工場を守るための道

太郎吉が亡くなり、酒井家には妻ふさ（二十八歳）と寛一（六歳）、太郎（三歳）、そしてふさのお腹の中には私の祖父にあたる尚吉が宿っていた。

いつの代も、後継者選びは頭の痛い問題である。酒井工場も、大火から復興し事業も順調に再開していただけに、周囲の人々はあれやこれやと口を出したようだ。それはごく自然な親切心からくるものだったとは思うが、どの道が最善なのか、子をみごもっている若いふさには見当もつかなかったのだろう。

悩んだふさは、工場近くの金杉橋際に立派な邸を構えていた糸川弁護士を訪ね、くわしく事情を話し、善処の方法はないものかと相談した。

糸川弁護士は、健気な若い母親に好意的に相談に乗ってくれたようだ。糸川氏が提案したのは、家業と子どもたちの将来を考えるなら、これまで太郎吉の傍らで仕事に励んでいた者の中から後見人を選び、家と事業の後継者には長男である寛一を立てる。

そして、それをさらに確固とした形にするためには、後見人が独身であれば、ふさが分家して同じ酒井姓を名乗り、その上で後見人を婿として入夫婚姻《にゅうふこんいん》（夫が女戸主《にょこしゅ》たる妻の家に入る婚姻。昭和二十二年の民法改正によって廃止）するのが良策、という案だった。糸川氏は加えて、ふさが分家姓を「酒井」にしなければ「商売上通らない」とアドバイスしたという。

要は、幼い長男が継いだ家業を、実母と義父とが彼が成長するまで後ろ盾になる、ということだ。ふさにとっては、まだまだ忘れがたい太郎吉のほかに婿を迎えるなど、とうてい本意ではなかっただろう。

だが、太郎吉が遺した事業と子どもたちを守っていくためには「誰にも何も言わせない方法として、この合法的な手段をとるよりほかはない」と糸川弁護士に説かれ、ふさは自らを人柱にして、家と工場を守るこの途を取ることにした。

白羽の矢が立ったのは、酒井工場で働いていて、年期が明けてからも太郎吉に「長坊、長坊」とかわいがられていた弟子の渡辺長太郎。糸川弁護士の提案通りに話が取り決められ、渡辺長太郎は本家を相続。と同時に、ふさは同姓分家戸主となり、後見人の長太郎を婿に迎えた。太郎吉が亡くなって一月が経つか経たないか、という頃だった。

二人は、近所の蕎麦屋の二階で簡単な結婚式を挙げた。これで、ふさの決意通りに、親戚知人の誰にも委ねることなく、家業と子どもたちを守りおおせることになった。その後、太郎吉の三人の姉たちは疎遠になっていったが、それは致し方ないことだろう。ちなみに、太郎吉の長姉なみの長男で、長太郎と同じく酒井工場で働いていた鈴木浦次郎氏はこの後、松本鉄工所に工場長として招かれ、後に独立して鈴木鉄工所を興した。この鉄工所が、日産自動車株式会社関連企業であったナイルス部品株式会社の源流である。

渡辺長太郎が分家戸主であるふさの許へ入夫婚姻した時は、ふさより七歳年下の二十四歳。これまで「坊っちゃん」と呼び馴れていた太郎吉の長男、寛一の後見人、そして義父となった。

その三カ月後、ふさは故太郎吉との間の三男「尚吉」を出産した。

竹幹《ちくかん》を使ったことが、酒井式細刻《きざみ》機の最大の特徴だった

さて、話をたばこ刻み機に戻そう。

太郎吉が発明した「酒井式細刻《きざみ》機」は、太郎吉亡き後も「発明人　酒井太郎吉」の名でこの機械が存在する限り納められ、製造人の銘板には「酒井寛一」の名がつけられ続けた。そして寛一により、機械は足踏み式から動力機構に変わり、「酒井式細刻機」が作られたのだった。

酒井式細刻機は、動力を採用したことで毎分五〇〇回転、一日あたり約四十三キログラムの良質な刻みたばこを生産できるようになった。

酒井式細刻機は、次の四つの特徴を持っている。

①機械化されたにもかかわらず、手刻みによる「こすり」を再現

②一定の細さを維持できる

③機械化によって生産能率が大幅アップ

④シンプルな機構により、機械自体も量産可能

これらは、専売局が当時求めていた要求を十分に満たしていた。

①、②を実現するためには、細刻機は絶えず上下運動を繰り返している刃の重みとその鋭利さが、刻まれる葉の硬度に対して適当であることが求められる。

たばこの葉という有機質のものを徐々に刃に噛ませるため、刃が葉束の下まで届く速度に対応する微妙な送り方が酒井工場での課題となっていた。その難問を解決したのが「竹幹《ちくかん》（竹の板：運転の邪魔をしない支えとして、太い竹を縦割りにした平らな一片）」である。竹幹が本来持っている強い張りと、植物性の弾力が適度な「抑え」と「送り」の役目を果たすことに着目、この竹幹を使って製品化できたことが酒井式細刻機の最大の特徴だった。

また、とくに④については、『たばこの事典』（たばこ総合研究センター編　二〇〇九年）によれば、「専売局では細刻煙草《きざみたばこ》の裁刻機として凡て酒井式刻み機を使用してゐる。此の機械は専売局で用ふる数多くの機械の中で、その外観が如何にも古風で粗末であるに拘らず巧妙な調子とで優良な製品を刻むので異彩を放つてゐる」とある。シンプルで粗末に見えるが、刻みたばこ機としては完成度の高いものだったようだ。

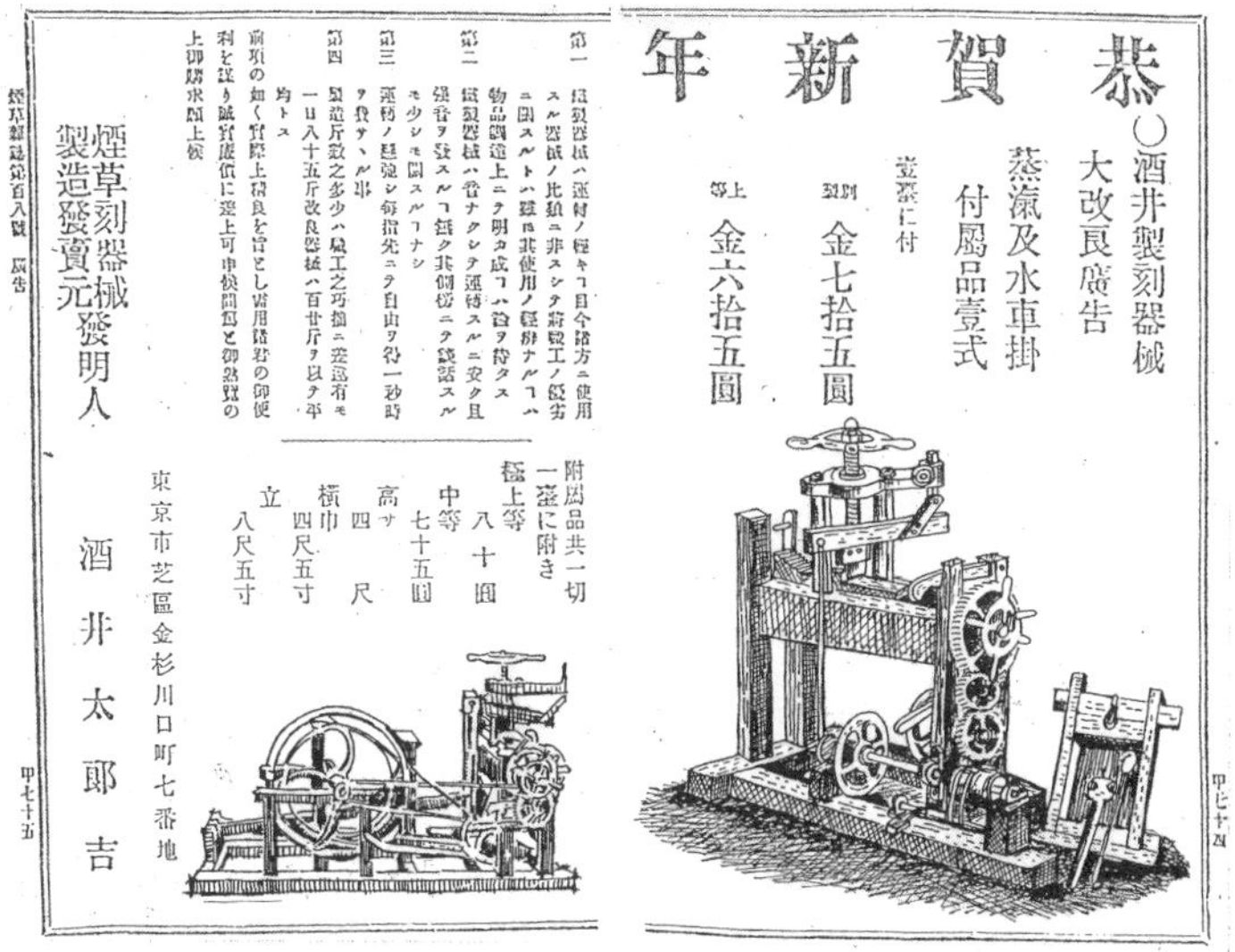

(上)酒井式細刻機正月用広告

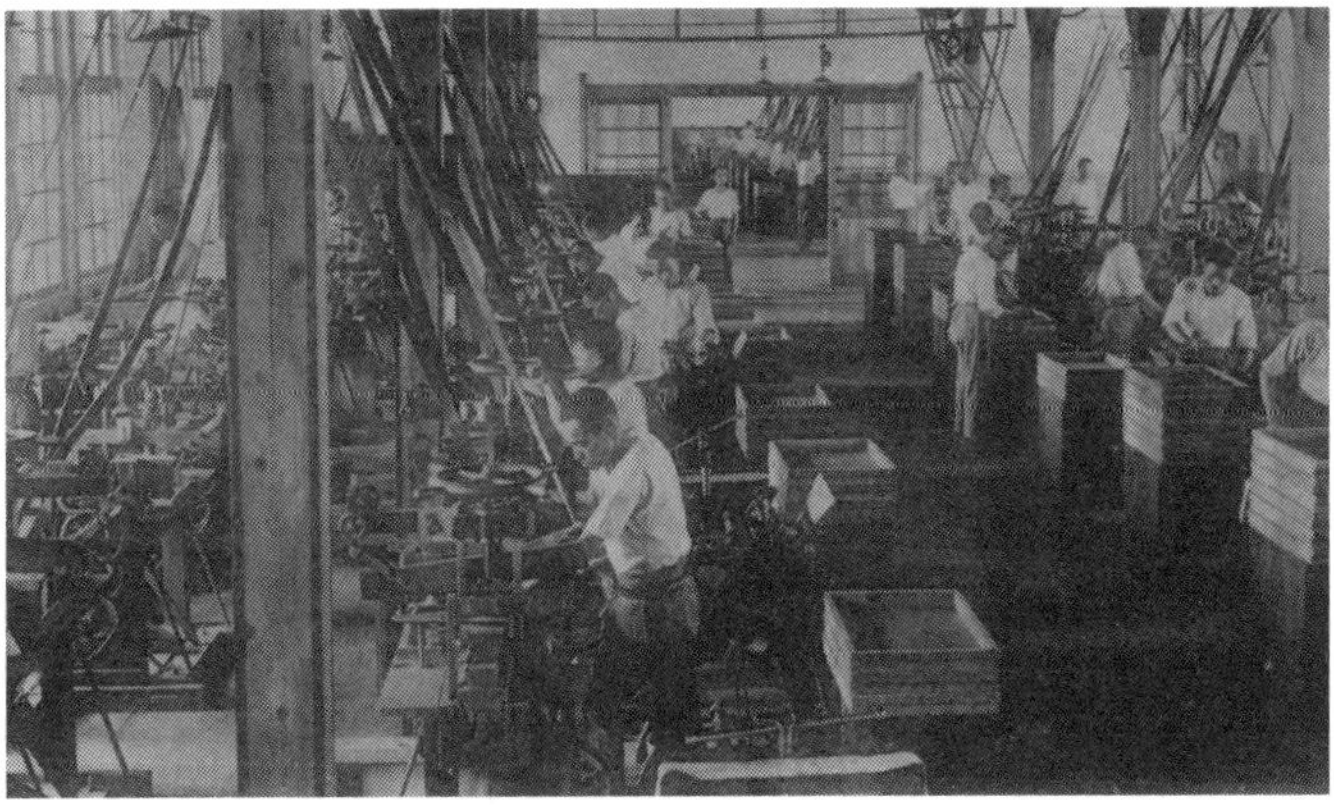

(下)大正6年(1917)酒井式細刻機を使用する大蔵省専売局工場

(「たばこと塩の博物館」提供)

酒井式細刻機の登場により、明治四十年代には刻みたばこの生産は高品質のものが安定供給されるようになった。

しかし、大正時代後半以降、人々の間では紙巻きたばこが中心となり、第二次世界大戦が終わった昭和二十（一九四五）年以降、刻みたばこは減少の一途をたどっている。

現在、稼働しているたばこ刻み機は、酒井式細刻機の原理を利用した金属製のもので、「ドラム型」細刻機と呼ばれている。「ドラム型」細刻機は昭和二十四（一九四九）年に試作機が完成。その二年後から量産され、全国各地の工場に設置され始めた。一日に五十五キログラムの生産能力を持ち、「本機による製品の出来栄えは酒井式のものとほとんど同じであった」と述べられている（『福寿草からききょうまで―刻たばこ製造技術史』八木沢勝、上野智共著　一九八五年）。

第四章

たばこが作った日本の近代文化の数々

近年、何かと目の敵にされることの多いたばこだが、たばこ刻み機を製作していた家を継ぐ者としては、いささか寂しい。今やたばこや喫煙を擁護しようものなら、たちまち非難の言葉が浴びせられる世の中である。現代人たるもの、たとえ少しでも、たばこ擁護の素振りすら見せてはならない。たちまち非文明人の烙印を押されることになる。

私自身は喫煙者ではないのだが、同じように健康に害があると厚労省がいう酒は、ここまで厳しく取り締まられることはない。どこか差別されているようにも思える。世界中回って、いちばん喫煙を目の敵にしているのはアメリカのように感じる。ヨーロッパでは、パリもかなり厳しくなったが、やはり北に行けば行くほど、昔からたばこには厳しい。南ヨーロッパに行くと、最近厳しいとはいえ、北ほどではない。

アメリカの場合、やはりピューリタンの後裔でプロテスタントが主流を占めているからなのか、禁酒法のときにも厳しかった。きっと宗教的な原因があるのだろう。もう一つ考えられるのは、アメリカ人に多く見られる「0か1か」とか「白か黒か」といった二元論が発想の基にあるのではないか。

「いいか悪いか」がすべての行動の基本になる、あのアメリカ的な発想だ。私には歴史が短い分だけ、発想が単純なのではないかとしか思えないが、とにかく日本的な中間とかグレーゾーンを認めない。どうもここに、禁酒法に続く厳格な禁煙法の淵源があるように思えてならない。ということは、もしも何らかの理由でたばこに害がないことがはっきりしたら、たちまち皆が吸い始めたりするのではないかと……。たばこを悪癖としてではなく、大人の嗜み、いや一つの「文化」としてとらえてみるのも、なかなか興味深いものではないだろうか……なんていういい方も、我ながら遠慮がちだなあ。

さて、たばこの、植物としての起源は新大陸（南アメリカ大陸）にあると考えられている。新大陸では、たばこは神々への供え物として儀式には欠かせないものだった。葉を火にくべ、そこから立ち上がる紫煙は信託をもたらすものとして、また、その動きや形から人々は戦いの勝敗、未来や吉凶を占っていたという。

さらに、呪術的な治療にも使われていた。

古代、新大陸では、病は体に宿った悪霊のせいだと考えられ、呪術師がそれを追い払うことで治るとされていた。その、追い払う際にたばこの煙が使われたという。

そしていつの頃からか、たばこは「喫する」ものとして楽しまれるようになっていく。当初、それは貴族や戦士といった特権階級の人間のみが味わえるものだったようだが、次第に一般の人々の間でも、結婚式や誕生日など祝いの場で出されるたばこを楽しむうち、喫煙の風習が広まっていった。

その頃、たばこは大きく分けて三つの方法で使われていた。

一つ目は、たばこの葉を燃やし、その煙を吸う「喫煙」。吸い方としては、パイプや葉巻など地域によって形態はさまざまだったようだ。

二つ目は、口の中でガムのように噛む「噛みたばこ」。今でこそ少なくなったが、昔のアメリカ映画ではハリウッドスターたちが、たばこを噛んでいるシーンが多くみられたものだ。かつて北欧では噛みたばこが多く売られていたように思う。

三つ目は、たばこの葉を粉にして鼻につけたり吸い込んだりする方法。下手をするとむせ返りそうだが、たばこの味をどう味わったのだろうか、ちょっと知りたい。

ともあれ、こうしたたばこを吸う風習は、十五世紀から始まったヨーロッパの大航海時代に世界へと広まっていく。他の新大陸の文物文明と同様、ヨーロッパにたばこを持ち込んだのはコロンブスだった。

一四九二(明応元)年、スペインの後ろ盾を得たコロンブスは「黄金の国」を目指し、大西洋を西へと向かう。出発から七十一日目の十月十二日の早朝、コロンブスは新大陸のカリブ海沖にあるグアハニ島（後に、コロンブスによって「聖なる救世主」＝サンサルバドル島と名付けられた）に上陸した。

コロンブス一行が、その島で最初に出会ったのは先住民のアラワク族。友好のしるしとして鏡とガラス玉を贈ったコロンブスに、アラワク族の長は「香り高い、乾燥した葉」を贈ったという。それこそが、彼らが神々への供え物として、また自分たちのたしなみとして使っていたたばこだった。

ヨーロッパでも、たばこの葉は薬品として、あるいは観賞用として親しまれていたようだが、コロンブス一行は島で不思議な光景を目にすることになる。島内の探索をコロンブスに命ぜられた乗組員のヘレスとテレスが、島の人々がたばこを喫煙している姿を目撃したのだ（その時の様子を描いた切手が、後にキューバやドミニカで発行された）。

こうして、コロンブスによって新大陸の他の文化や、麦や米、牛や馬などとともに「喫煙」の風習がヨーロッパに持ち込まれ、各地に広まっていった。

江戸時代、たばこは、日本独自の文化を形作っていった

たばこが日本に伝わったのは、戦国時代。その年代については諸説あるが、すでに述べたように、天文十二（一五四三）年、ポルトガル人を乗せた船が鹿児島県の種子島に漂着した際に到来したのではないかとか、天文十八（一五四九）年、フランシスコ・ザビエルが鹿児島に上陸した際に到来したのではないかといわれている。

いずれにせよ、ポルトガルは九州の各港で貿易を始め、そこにスペインほかヨーロッパの国々も加わって日本とヨーロッパ諸国との貿易が行われるようになる。この「南蛮貿易」によって、鉄砲をはじめ生糸、絹・毛織物、ぶどう酒、印刷技術、医学、音楽、キリスト教……と、後の日本に大きな影響を与えることとなる、さまざまなヨーロッパの文物が日本にもたらされた。

喫煙の風習が広がるにつれ、日本の国内でもたばこの栽培が始まる。それによって、庶民の間にもたばこはどんどん普及していったが、並行して江戸幕府の取り締りも厳

しくなった。というのも、今でいう不良グループのようなものらしいが、南蛮渡来の珍しさから、たばこを徒党を組むシンボルとして使う者が出てきた。京都では喧嘩《けんか》煙管《ぎせる》と呼んだ大きなキセルを脇差のように腰に差して町中を往来し、「乱暴狼藉」をはたらいたらしい。

さらに、年貢として幕府に納める米よりも、現金収入を得られるたばこを栽培する農家が増えたため、幕府は農家にたばこを栽培させないようにしようと、寛永二十（一六四三）年、田畑勝手作禁止令を出した。木綿や菜種も自由に栽培させないようにしたが、諸藩は反発した。米の生産量が増加し、米価が下がったため、各藩が商品作物栽培を奨励して農民の収入を安定させ、税収を確保する目的もあった。

しかしながら、幕府はたばこ禁止を続行する。

「たばこ狩り」と呼ばれる幕府の対応の様子を、江戸時代中期の随筆家、神沢杜口《かんざわとこう》（一七一〇〜一七九五）がこう記している。

「江戸町々、煙草狩を仰付けられ、日本橋の傍に、矢来を結び、江戸中のきせるを、其の中へ取捨る、夥敷事云計《おびただしきこというばかり》なし。如此《かんのごとく》堅き御法度なりしが、その後間もなく事破れぬ、と老翁の語りき」（考証随筆『翁草』）

幕府は、江戸じゅうのキセルをすべて没収し、廃棄処分としたのである。幕府はその理由として、前述したもののほか火の不始末が火事の原因となる、そもそも喫煙は無益な出費である、といったことを挙げたようだ。

もっとも、禁じられれば禁じられるほど手を出したくなるというのが、人間の性というものだ。仕方なく、幕府は慶安四（一六五一）年、屋内での喫煙を許可。以降、たばこはますます流行することとなった。

浮世草子・人形浄瑠璃作者の井原西鶴（一六四二〜一六九三）は自身がたばこを嗜《たしな》んだだけでなく、いくつかの作品にたばこ風俗を描いている。

「北野に詣でて、梅をちらし、大谷へ行きて、藤をへし折り、鳥辺山の煙とは、五ふくつぎの吸啜筒《きゅうてつとう》」（『好色一代男』巻二）。

五ふくつぎ＝五服継ぎのキセルとは、火皿が刻みたばこ五服分が入るくらい大きく、「花見煙管《はなみぎせる》」「伊達煙管《だてぎせる》」と呼ばれていた。

また、次のような一節もある。

「勤めとて指切るもあり、かためとて太股に、煙管焼きするもあり、これ皆客のために、いたい目にあひながら」（『男色大鑑』巻七）。

「煙管焼《きせる》き」とは想像するだけで心臓が縮むようだが、今の「根性焼《こんじょう》き」みたいなものか。当時、若衆や女郎が馴染みの客への真心を示すために、火で熱したキセルで肌に烙印をつけることを指していったようだ。

また、松尾芭蕉（一六四四～一六九四）は、

「春風や煙草くわへて船頭殿」

と、のどかな春の日にたばこをくわえてくつろいでいる船頭の姿を句にしている。

小林一茶（一七六三～一八二八）もかなりのたばこ好きだったようで、たばこやキセルの句を数多く詠んでいる。

「手序《てついで》に煙管磨くやお取越」

「くはへきせる無用でもなし門柳《かどやなぎ》」

「煙草の火手に打ち掃いて夕涼み」

なお、歌舞伎十八番の『助六』には、

「大門をぬつと面をだすと、仲の町の両側から、近付の女郎の吸付たばこが、雨のふるやうナ。ゆうべも松屋の見世へ腰をかけると、五丁町の女郎の吸付たばこで、せい

もん見世先へきせるを、蒸籠のやうに積んでおいた」

という台詞がある。女郎の吸付とは、馴染みの客に差し出す吸い付けのキセルのこと。それが「雨のふるやうナ」＝煙管の雨といえば、女郎にモテることをいったようだ。

また、読本《よみほん》作者の滝沢馬琴（一七六七〜一八四八）は、キセルが男、たばこ入れを女に擬人化した『曲亭一風京伝張《きょくていいっぷうきょうでんばり》』という作品を書いている。

以上のように、たばこは江戸の人々の暮らしにすっかり溶け込み、ひとつの風俗となった。たばこを楽しむ人の数は増える一方で、たばこの葉の栽培も全国に広まっていく。幕府もその趨勢には抗えず、元禄期（一六八八〜一七〇四）には諦めたようだ。

こうしてたばこは江戸時代、庶民を中心に親しまれるようになり、日本独自の文化を形作っていくこととなる。

たばこ道具にも、職人の技術の粋と美意識が凝縮されていた

前述したように、たばこはおもに三つの形態で使われていたが、江戸期の日本では刻《きざ》んだたばこの葉をキセルに詰めて吸う「喫煙」が主だった。

日本人は、外から入ってきた新しい文化や技術を日本独自の形に改良して自分のものにすることが、大の得意である。それを「ものまね文化だ」と揶揄されることもあるが、ものまねならば外来の文化や技術をそのままの形で受け入れておしまい。しかし、日本人は、それを咀嚼し自分なりの形に進化、発展させていく。

たばこにしても、同じである。

たばこの葉を刻んで吸う形態は諸外国でも見られたが、日本には刀鍛冶の伝統があった。たばこの葉を細く刻んだ「細刻《きざ》みたばこ」を考案したのだ。これは、世界に例のない日本独自の喫煙方法だということができるだろう。

たばこが日本に伝わった当初は、人々は自分の手で葉たばこを刻むか、あるいは「一

服一銭」と呼ばれていた露店で刻んだものを手に入れていた。最初のうちは粗く刻まれた葉たばこが使われていたが、やがて髪の毛のような細さまで刻まれるようになる。細刻みを可能にしたのは、刀鍛治すなわち日本刀の製造技術を活かした切れ味抜群の「たばこ包丁」である。たばこ包丁の産地は堺である。戦国時代、鉄砲製造の産地として重要な役割を果たしていた場所である。天正年間（一五七三〜一五九二）からたばこ包丁が作られるようになり、徳川幕府はそれに「堺極印」を附して専売。堺刃物の名声は全国に拡がっていった。

明暦年間（一六五五〜一六五八）になると、町中に「細刻《きざ》みたばこ」の製造・販売をする「たばこ屋」が登場。その数はどんどん増えていった。

たばこ屋の数が増えるとは、つまり人々の間にたばこがすっかり浸透し、細刻みたばこの需要が高まったということである。長く、手でたばこの葉を刻んでいたが、生産性を上げるため器械を使った製造へと移行していく。そして、「かんな刻み機」や「ぜんまい刻み機」が開発されたのだった。わが先祖である金物屋伝右衛門も製造したのだろうか。

寛政年間後半から文化年間の初め（一七九五〜一八〇五？）頃、阿波《あわ》池田地方（現・

「咲分ヶ言葉の花　おかみさん」喜多川歌麿作
（「たばこと塩の博物館」提供）

徳島県三好市）で考案された「かんな刻み機」は、同地の特産である昆布の刻み機をもとに考案された。

一方、「ぜんまい刻み機」は江戸の職人が考案したと伝えられているが、京都・西陣織の平金糸《ひらきんし》切り機がもとになっているという。江戸職人はさらにこれを改良、慶応元（一八六五）年頃に「螺旋式ぜんまい刻み機」を考案したと伝えられている。時期からして、それは金杉町で生まれたのではないか。

確かな記録は残っていないが、その開発に、酒井伝右衛門も携わっていたと確信している。

たばこの普及によって、刻み機のみならず、たばこを吸うための道具――キセルやたばこ入れ、たばこ盆など――も生まれ、そこには職人の技術の粋と美意識が凝縮されていた。

他の外国文化や習慣に比べ、たばこは比較的早く人々の暮らしに溶け込んでいったようだ。とくに庶民にとっては、たばこは数少ない身近な楽しみであり、ホッと一息ついて疲れを癒やすものだったのだろう。

最初は、家の中だけで楽しむものだったようだが、そのうち、行楽や旅の友としても欠かせないものになっていった。そうした様子がうかがえる浮世絵が、今も数多く残っている。

と同時に、キセルやたばこ入れなどの喫煙具も携帯に便利なように改良され、さらに持っていて楽しくなるような、他人にもちょっと自慢できるような凝った装飾が施されたものが登場する。これも今の日本文化に通ずる。江戸の「クール・ジャパン」だ。たとえば、キセルは細刻みの技術の発達につれ、キセルの火皿（葉を詰める部分）は小さくなり、携帯に便利なようにキセルの丈も短くなった。雁首《がんくび》の金属部分には彫刻、雁首と吸口の間の羅宇《ラオ》には蒔絵が施されるなど、装飾性も高まった。

刻みたばこの喫煙に便利なようにと改良されたのは、たばこ盆。火入れや灰落とし、たばこ入れ、キセルなどをセットにして置くためのもので、機能性を高めるとともに美しさも追求され、単なるたばこ用品にとどまらず調度品として進化を続けていった。

小泉八雲も愛していた、たばこを取り巻く日本独自の文化

江戸の人々に愛され、円熟したたばこの文化も、時代が明治に移ると少しずつ様相が変わっていった。

維新後、欧米から大量の文物が一気に持ち込まれ、暮らしから道具に渡るさまざまなものが洋風化していく。その中に、シガレット（紙巻たばこ）や葉巻などがあった。これらを吸う姿の格好よさや、たばこの箱のパッケージの華やかさがハイカラ志向をくすぐっただけでなく、キセルが要らない（！）という手軽さで人々の心をとらえる。紙巻たばこや葉巻は、東京や大阪といった大都市を中心に広まり、それまで続いていた喫煙風俗が大きく様変わりするきっかけとなった。

とはいえ、全国的に見ると日本人の多くはまだまだ、細刻《きざ》みたばこをキセルで吸うという伝統的なスタイルでたばこを楽しんでいたようだ。明治三十年代には約五〇〇〇人のたばこ製造業者がいたといわれるが、その大半は細刻みたばこを製造していた。

ここで、ある作家の目から見た、細刻みたばこの文化に触れてみたい。

その作家とは、小泉八雲（一八五〇～一九〇四）である。八雲はギリシア生まれのイギリス人で、明治二十三（一八九〇）年に来日。島根県松江で暮らすうちに大の日本びいきとなり、小泉節子と結婚、日本に帰化した。

もとの名はラフカディオ・ハーンだが、帰化後は「小泉八雲」という日本名を名乗り、熊本の五高（熊本大学の前身）や東京の早稲田大学、東京大学などで教鞭を取った。八雲は日本に関する印象記や随筆を数多く発表しており、その中に、日本人が非常に凝った美術品のようなキセルやたばこ入れを使っていることが記されている。

たとえば、「そのたばこ入れから指先でつまみ出してキセルの先端に詰める刻みたばこは実に美しく、細い細い線状に刻んであつて、まるで婦人の髪の毛のやうな繊細さである」という巧みな描写の一節がある。

この観察は、さすが文筆の大家であると同時に西洋人の目に映った鮮やかな印象がよく表れていると思う。八雲が「婦人の髪の毛のやうな」と記したのは、おそらくヨーロッパ婦人の金髪か赤毛を頭に浮かべたからだろう。

ヨーロッパの女性の髪は、ふんわりと羽のようで、とくに金髪や薄赤毛は細い。一方、日本女性の髪の毛といえば黒髪で、「象をも繋ぐ」と称されるほど艶やかで直線的。だから、もし八雲が見たものと同じ光景を日本人が見て、その形容を文章にしたなら、細い刻みたばこを髪の毛に喩えることはなかっただろう。

第一次世界大戦後、紙巻きたばこの需要が、細刻みたばこを上回った

話を、たばこの歴史に戻そう。

紙巻たばこが人気を集めたとはいえ、細刻みたばこの製造技術は明治に入ってから大きな進歩をとげた。欧米から入ってきた技術を取り入れたのだ。

第三章でもふれたが、たばこ刻み機はゼンマイから、クランク機構を用いた足踏み式が考案され、さらに水や蒸気、石油発動機などの動力が導入された。

これらの進歩についても、明治の職人たちは欧米の技術をただ鵜呑みにしたのではなく、すでに持っていた自分たちの繊細で精密な高度の技術をもとに、より使いやすく、より能率的にたばこ製造ができるようにと改良したのだ。こうした日本の職人＝技術者たちの姿勢と活躍は、たばこ産業に限らず製糸業、絹・毛織物業、製紙業……とさまざまな分野での技術発展に大きく貢献した。日本の技術史を考える上でとても重要なエポックになったといえるだろう。

明治時代の中頃から、技術の向上とならんで日本の工業形態も変化し始めた。たばこ産業も大都市を中心に、教科書的にいえば、問屋制手工業から工場制手工業、さらに機械制工業へと移行していく。個人の仕事が産業になっていくのだ。

日清戦争は、極東の小国日本が鎖国からたった数十年で、アジアの大国である清国に勝利した、世界史的に見ても恐るべき大事件であった。

欧米列強は驚嘆した。

日本を見る目は大きく変わった。それに応じて日本はますます欧米の国家制度を採用するようになる。日本政府は「国民国家」という近代国家制度構築に邁進する。そうした国家制度を支えるために、政府は安定的な国家財源確保のため、各種法律を次々に制定する。

日清戦争(一八九四〜一八九五)の三年後、明治三十一(一八九八)年、葉たばこを国が買い上げる「葉煙草《はたばこ》専売法」が施行される。国家財政補助のために導入された税金だった。しかしながらこれは、葉たばこの密耕作や横流しの横行によって、目標の税収を得ることができなかった。

がしかし、国家が得たたばこの税額は、総税収の十一・五パーセントに及んだという。いったいどれほどの税収を設定していたものだろうか。

その後、日露戦争の戦費を調達する必要に迫られ、明治三十七(一九〇四)年にたばこの製造から販売まで国が管理するという「煙草専売法」が施行され、大蔵省に煙草専売局が設置される。ここで、たばこ産業は完全に国営化されることとなった。

煙草専売局は「口付《くちつき》たばこ」(紙巻きたばこに口紙と呼ばれる吸口を付けたもの)四銘柄と「両切《りょうぎり》たばこ」(刻んだたばこを紙で巻いて両端をそろえ、切断したもの)三銘柄を発売。その後、大正二(一九一三)年には両切たばこの一銘柄が「軍隊専用たばこ」となり、さらに大正四(一九一五)年には大正天皇の即位を記念して「記念たばこ」が発売される。

その後も、第一次世界大戦の終息を記念したたばこの発売、専売制度二十五周年を記念したたばこの発売などによって紙巻たばこの需要が増え、その製造量は刻みたばこを上回ることとなった。

話が前後するが、紙巻たばこの普及で、よりたばこの生産力が上がると、「たばこ商」と称される商人が現れ、より多くの商品を販売するためにさまざまな媒体を使って宣伝合戦を繰り広げた。

「天狗たばこ」で知られる岩谷松平《いわやまつへい》は、自らを「広告の親玉」「東洋煙草大王」などと称して、看板やポスターに誇大広告的なキャッチフレーズを使ったが、当時のパッケージの写真を見ると非常に華やかで美しい。

東の岩谷に対し、西の京都には村井兄弟商会の村井吉兵衛《むらいきちべえ》がいた。村井は輸入葉たばこを原料とし、欧米の最新技術を導入。商品にも「ヒーロー」「ピーコック」など横文字の名前をつけ、パッケージも洋風化して人気を得た。おまけとして「たばこカード」をパッケージの中に入れるなど、岩谷に負けず劣らずユニークな宣伝活動を行った。

たばこが国の専売になると、岩谷×村井のような宣伝合戦の必要はなくなり、たばこのポスターは姿を消す。しかし、商品の名前やパッケージのデザインは商品のイメージを左右する、つまり売り上げに大きく影響する重要なものと考えられ、工夫がこらされた。

大正後期から昭和にかけて日本の商業美術が大きく発展すると、たばこもポスターの製作が再開される。専売局は当時、商業美術界の第一人者であった杉浦非水《すぎうらひすい》や野村昇を迎え、アート性の高いたばこのパッケージやポスターを製作していった。

そう、たばこは工業技術の発展に寄与しただけでなく、日本における広告宣伝、商業美術の発達に大きく貢献したといってもいいかもしれない。

近年、キセルが日本の伝統文化のひとつとして見直されてきた

昭和十年代以降、たばこは戦争の影響を大きく受けることとなる。パッケージは簡

素化され、商品名への英語の使用は禁止されて和名に変更、漢字表記になる。戦争が激しくなるとたばこの生産量は落ち、昭和十九（一九四四）年にはたばこの割当配給制度が実施された。

昭和二十（一九四五）年、第二次世界大戦終了。困窮を極めていた国家財政にとって、たばこは税収の約二〇パーセントを占める重要な財源だったが、戦災でたばこ工場の半数を失ったといわれ、極端な品不足が続いてたばこの配給量が「成人男子一人あたり一日三本まで」となった。なお、たばこに「虎杖《いたどり》」などの代用葉も混入されたという。

それでもたばこは、当時、数少ない嗜好品として人々に求められ、ヤミ市では進駐軍横流しの外国製たばこや私製の手巻きたばこが多く出回っていた。

戦後の復興とともにたばこ産業も復活、専売業務は昭和二十四（一九四九）年に発足した、日本専売公社に引き継がれる。翌年には割当配給制度が廃止され、デザインも商品名も自由な新しい銘柄が次々に登場した。宣伝用のポスターも多く製作され、「今日も元気だ　たばこがうまい！」といった、今も語り継がれる名コピーも生まれたのだった。

昭和三十二（一九五七）年に国産初のフィルター付きたばこ「ホープ」が発売され

て以降、日本ではフィルター付きの紙巻たばこが主流となった。

日本の経済が高度成長を続ける中、たばこも新しい商品の開発に力が注がれるようになる。暮らしが豊かになるにつれ多様化する個人の嗜好に合わせて、香りや味などさまざまな特徴を持つ銘柄が次々と登場した。

そして昭和六十（一九八五）年、行政改革が進められる中、日本のたばこの専売制度が廃止された。

たばこ専売化後、紙たばこに取って代わられた細刻みたばこだが、製造は続けられていた。しかし需要の減少は止まらず、昭和五十四（一九七九）年の「ききょう」販売終了をもって、国内で製造された細刻みたばこは姿を消した。

その後、劇中にキセルがよく登場する歌舞伎をはじめとする伝統芸能従事者や愛好者からの要望によって、日本専売公社はマカオからの輸入品「山吹」を流通させる。だが、品質面で消費者を満足させることはできず、昭和六十（一九八五）年に「小《こ》粋《いき》」が発売された。平成二十三（二〇一一）年三月以降は、ベルギーからの輸入品「宝船」が登場。現在、細刻みたばことして国内で販売されているのは、この二銘柄のみである。

近年、日本の伝統的なキセルでの喫煙を楽しみたいという人が増えてきたように感じる。自然なたばこの味が楽しめる、臭いが出にくいといった理由のほか、キセルが日本の伝統文化の一つとして見直されていることがあろう。年配者だけではなく、若い人たちの間でもキセルという喫煙スタイルが「粋である」と評価されているようだ。

第五章

酒井家四百年と、ものづくりの源流

「酒井式細刻機《きざみ》」が日本専売局の細刻機として認められると、他の業者は酒井工場指揮下で、同機械を調達協力するように申し渡されたそうだ。そしてその後も、数多《あまた》の改良型の挑戦を退けて独占的地位を保ち続け、刻みたばこの製造が全国的に中止されるまで「酒井式」は八十余年に渡って製造が続けられた。

税収におけるたばこ税の比率を考えると、八十年間、日本国に奉仕したのだ。

毎月の指定日までに決まった数の細刻機を納入するとなると、それまでのようにのんびりと考えながら仕事をするわけにはいかず、さすがに「かんばん方式」とまでは言わないが、流れ作業で職人がそれぞれ手分けをしてパーツを作り、組み立て、仕上げの段階を熟練者がまとめるという方法が採られるようになる。

仕事の能率は格段に上がったのだ。

もちろん、酒井工場の職人たちは機械の機能、性能を上げるための研究も怠らなかった。大正時代になって間もなくの頃、酒井工場にとって、もっといえば日本工業界にとって一つの試練と飛躍の時を迎える。

その頃まで製造していた細刻機の伝導方式は、「鋳放《いばな》し」の歯車を使っていた。木型で歯車の形に作ったものを原型として、各種の砂を練り合わせたものを詰め、そこから木型を抜き取る。すると凹方型ができるので、そこに真っ赤に溶かした鉄を流し込み、冷却してから取り出して「バリ」（鋳物のまわりにできる余分のざらつき）をタガネで削り取って、あとをヤスリで仕上げる。

これが「鋳放し」の歯車というもので、今にして思えば非常に原始的な作り方である。当然、これでは歯車と歯車のかみ合わせが緻密にはいかず、回転するとガラガラ大きな音を立て、歯が壊れたりした。

当時、欧米ではすでに「歯切盤《はぎりばん》」が開発されていて、歯車の歯を機械で削り出すことができるようになっていた。その情報を得た専売局は、

「歯車は機械切りのこと」

と決めてしまうのだ。このわずか十文字の指示によって、酒井工場は鋳放し歯車を使った刻み機を納めることができなくなってしまった。

その頃、日本にはミーリングマシン（フライス盤）で少量の歯車を切っている所はあっても、専用機械のホッピングマシンは一台もなかった。そこで、酒井工場では新橋のアンドリウス商会を通して、まず米国ニュージャージーのユニバーサルミーリング機を輸入。それに、ブラウンのインデックスセンターをつけて歯車を切った。後に、

グッドエバーの歯切盤を手に入れ、英文の説明書を読みながら実際に工場で使い始める。

本邦初、機械切り歯車専門工場の誕生である。

これは、従来にはなかった新加工技術で、機械の精度は飛躍的に向上した。

そして、歯車製作の仕事は専売局へ納入する細刻機だけでなく、ほかのあらゆる機械の分野に必要とされるようになる。これらは工業の進展に乗って、需要が右肩上がりに伸びていった。

そもそも「歯車」がなければ正しく効率的に動力は伝達できない。速度も変えられないし、少しの力で車のタイヤを回すこともできない。歯車は精緻な時計から自動車、発電所のタービンまで、世の中のありとあらゆる動力の伝達に欠くことのできないものだ。酒井の工場で日本初の機械を使った歯車を製造したことは、大いに誇れる歴史といえるだろう。

当時の盛業ぶりは、雑誌『実業之日本』に「新技術・新商売紹介記事」として掲載され、それが宣伝となって酒井工場には多くの見学者が押し寄せることとなった。陸軍造兵廠の某少将も来たそうだ。

こうして、酒井工場は細刻機の専売局への納入が一段落した後も倍増する超繁忙を続け、歯切盤の数も増えて、当時では日本随一、唯一の歯車加工専門の工場となった。そして社名も、当時のハイカラ流に酒井工場から「酒井鉄工所」と改められたのだった。

歯車の製作という仕事は、非常に儲けの大きい事業だった。

大型の歯車を作る場合は、三日も四日も昼夜兼行で削り続けなければならない。だが、そこは新時代の機械のありがたさで、ホッピングマシンを使えば、最初に設置して段取りを定めてスイッチを入れておけば自動的に機械が動いてくれる。人間のする作業は、途中でカッターの鈍ってきたものを、研いだ刃に取り替えるだけだった。それも、円を描くような運動をゆっくり繰り返しながら、徐々に深く削り込んでいくので、時間はかかっても人手はかからない。

「機械が製品を作ってくれる」というのは、当時としては他に例を見ない機械だった。現在日本が世界をリードする「工作機械」である。しかし、「オートメーション」などという言葉を誰も知らない時代のことである。それを、日本では酒井鉄工所一軒しか使っていないとなれば、『実業之日本』が大きく記事に取り上げ、各界からの見学者が跡を絶たなかったことも不思議ではなかろう。

几帳面な性格で、太郎吉譲りの創意工夫が得意だった尚吉《なおきち》少年

さて、「酒井式細刻機」はその製造が終わるまでずっと、製造人の銘板に「酒井寛一」の名が刻まれ続けたわけだが、寛一本人とその後見人であり義父であった長太郎は商売熱心とはいえなかったようだ。酒井工場が繁盛していた最中でも、寛一や長太郎は「こんなに良いことは長くは続くまい」と思い、「早く引っ込んで何もしないほうが、格好のよいことだ」と考えていたらしい。

工場で職人や小僧たちと一緒になって働いていたのは、三男の尚吉《なおきち》だった。

尚吉は、芝小学校を卒業すると、朝七時から夜九時まで工場で働いた。仕事が終わると、芝小学校の補修夜学校（丁稚店員が通う学校）に二年間通学。この間に、三田の慶応大学近くにあった英語学校の夜学へも一年ほど通った。

その後、蔵前の高等工業（現・東京工業大学）附属の職工徒弟学校（尋常六年修了者が試験を受けて入る）に合格。一年修了したところで尚吉は、当時工業指導面でとても評判のよかった東京府立工芸学校（現・都立工芸高校）の入試を受けることにした。実は、この学校の入学資格が「中学二年修了か高等小学校卒業」ということで、尚吉には受験資格がなかった。だが、学校に相談すると、尚吉は夜学に二年通っているし職工徒弟学校にも行っているので受験してもよい、ということになった。

普通は受験科目が国語・数学・自在画の三科目だったが、工芸高校はそれに理科と化学、英語が加わった。一年間、英語学校の夜学に通ってはいたが、受験のための英語はからきしわからない。しかし、数学の出来が非常によかったため、学校側が「こういう生徒も採ってよい」ということになり入学を許された。

朝は、金杉橋から築地まで歩いて登校。下駄履きの通学だった。学校が終わると寄り道せず駆け足で家に帰り、すぐに職工服に着替えて夜七時まで、職工たちと一緒に黒くなって働く毎日が四年間続いた。

なお、「酒井式細刻機」の歯車が鋳放しから機械切りに切り替わったのは、ちょうどこの頃だったと思われる。

尚吉の得意科目の一つに、製図があった。版の広いトレーシング・ペーパーを広げて、烏口《からすぐち》やコンパスを使いながら用器画を引く。この作業が尚吉の性格に合っていたのか出来がよく、彼の製作図は学校の廊下の壁に貼り出されるのが常だった。宿題の製図には幾夜も費やして丹精を込め、寝る時にそれをそっと新聞紙で覆い文鎮を置いて、朝起きて点検した後、ていねいに巻いて紙筒に入れる。とても几帳面な性格で、実父の太郎吉譲りなのか、創意工夫が得意で手先もとても器用な少年だった。

府立工芸高校を卒業すると、尚吉は大正五（一九一六）年四月、満二十歳で早稲田大学予科、理工科機械工学科へ進学。府立工芸学校での優秀な成績（連続特待生だった）が物をいい、入試は免除、つまり無試験で大学の門をくぐったのだった。

大正九（一九二〇）年七月、大学を卒業した尚吉を待っていたのは兵役の義務だった。尚吉は身長・体重ともに当時としては偉丈夫《いじょうぶ》とされる体格だったので、検査は甲種合格。一年志願兵として陸軍工兵隊に入隊した。

当時、日本最初の航空隊（当時は、飛行隊と称された）が編成されることとなり、この隊には各官立大学および私学の工科出身者のなかで、成績がよく身体的にも優れた若者が選ばれたという。尚吉もその条件にかなって選抜された七名のうちの一人として、岐阜県各務原《かかみがはら》飛行大隊戦闘第一中隊員となった。いわば、大学工科出身のエリート集団である。

尚吉がここの隊員になった頃の飛行機は、最も安定していたものがモーリス・ファルマン複葉機とニューポール単葉機だった。

尚吉はニューポール機の整備員となり、発動機の分解・組み立て・調整や、機体の整備点検がおもな仕事だった。どうやら、ありあわせの参考書を片手に将校が、考え考え講釈するような状況だったらしい。何しろ、できたばかりの軍隊だったから、ほかの兵科にあるような操典（マニュアル）がなかった。

当時のエンジンにはセルモーターがなく、上官の「あっさーく（圧搾）、回せ！」の号令でプロペラを「えいっ」と一気に手で回してエンジンをかけた。かけ方の要領が悪いと弾みで大怪我をする者が出たそうだ。

尚吉も体格がいいのでよくこれをやらされ、「何とか明日も怪我なくプロペラの始動をしたい」と、エンジンプラグをガーゼにくるんで大切にポケットに入れて寝たという。

尚吉の兵役中の話の中に、大演習に参加した時のエピソードがある。

尚吉は伍長で、歩兵とともに行軍することとなった。自分は飛行隊として参加したのに、なぜ歩兵として行軍するのかと上官に尋ねると、「飛行機がもし不時着した場合を考え、広範囲に整備兵を分散配置しておくため」とのこと。実際、その頃の飛行機はよく墜落したり事故を起こしたりしたので、演習・訓練中も命がけだったようだ。尚吉が撮影した当時の写真を見ると、たしかに、裏を見せてひっくり返った機や翼の取れたもの、逆立ちしたものなどが数多くある。

今日の航空機とはまるで違い、さしずめ「複雑な形の凧」のようなものと思えばいいだろうか。戦闘飛行隊はニューポール機で、操縦桿にボタンがあり、歯車の仕掛けで回るプロペラの間に、弾丸が出るようになっているという、今では想像しにくい代物だった。

関東大震災後、尚吉は職人たちとともに工場の復興をめざした

兵役を終えた尚吉は、このまま生家の工場に戻っても助っ人として重宝がられるだけだということがわかっていたので、しばらくの間、世間に出て働いてみたいと考えた。ならば独身のうちにと、「青バス」（乗合バス）の会社に勤めることにした。軍隊生活で、多くの友人と接触した刺激で、目を覚まされたのかもしれない。

当時、東京市内には東京市の経営する市バスと株式会社の青バス、二系列の運営会社があった。希望どおり青バスに入社した尚吉は、大学出身ということで就職早々、田町営業所の車輛主任に任命された。

バスは半年ごとに定期検査を受ける義務があったが、何としてもバスの台数が多かったので、主任は毎月検査を受けにいくことになる。いってみると、検査官主任は大学の友人だった。

「君がやったのなら大丈夫だ」とたいそうな信用で、すぐに検証印をくれる。そこで、

車検にはいつも「酒井主任に乗っていってもらおう」という羽目になったという。

当時の車は今からは想像もできないほどひどいもので、走っているうちにプロペラシャフトが落ちたり、チェンジ・ギアのシャフトが上に抜けてしまうことなど、よくあったそうだ。

結局、青バスには五年間勤めることになるが、その間に三ヵ月間の教育召集があり、戻ってきたところで関東大震災が起きた。大正十二（一九二三）年九月一日のことである。

この震災で、酒井鉄工所近くの三田にあった日本電気の建物が倒壊し、多くの死者が出た。赤羽工兵隊が出動して救助と死者の掘り出しに当たったが、その後しばらく、「雨夜は幽霊が出る」などの噂があって、人々を怖じ気させたという。

酒井鉄工所も木造部分や家屋は損傷を受け、大きく傾いたが、全壊は免れ自火も出さなかった。

しかし、夕方以後に新橋方面から燃え進んできた火を浴び、水も止まっていたので手の施しようがなく木造部分は灰燼となり、機械類も猛火に焙《あぶ》られる結果となった。

この時に威力を発揮したのは、太郎吉が大震災より二十八年前に遭った火難の後、

「燃えない建造物を」と念じて築いたレンガ外壁だった。他所のレンガ建造物は相当数崩壊するなか、酒井鉄工所のそれは損傷を受けることがなかったのだ。

尚吉は、大地震のもっともひどい初動の時から工場内にいた。実に大変な揺れで、三十センチ角もある松材のケタが折れてしまい、屋根の重いしっかりした建物が二階との継ぎ目など弱い箇所から崩れ、建付けのよかった雨戸も弓のように曲がり、はずれてしまう有様だったという。

大揺れが一応おさまり、気づくと機械はちゃんと回っていた。だが、職人や使用人たちも自分の家が心配だろうと機械を停め、皆を帰らせた。大通りは電車が止まってしまい、皆、家まで歩いて帰った。

この時点ではまだ、工場に火は移っていなかった。そこで尚吉はいったん、桐ケ谷の自宅に帰ったが、暗くなる頃「金杉方面にかけて火の海になった」という話が伝わってくる。尚吉はすぐに工場へ駆けつけようとしたが、一夜経た猛火の跡はカマドの中同様で猛烈に熱く、到底入っていけない。暗くなってから走って工場へ向かった。

大通りから海岸にかけて、すっかり焼け尽くしていた。工場内の機械を調べたいと思っているうち、隣の鈴木鉄工所に手押し車を一台、貸してあったのを思い出した。

探すと幸いあったので、それを曳いて工場に入ろうとしたが、レンガ造りの中はまだ熱くて入れない。冷めるまでここで待とうと、尚吉は工場の真ん中にある通路の所へ車を入れ、その上に仰向けになって夜を明かしたという。後に、「晴れた夜空に、星が降るように美しかった」と語っていた。

翌朝、工場内を見ると、不思議なことに灰が山のように積もって泥のようになっている。これは、尚吉たちが工場を出た後でこのあたりに火が迫り、近所の人たちが逃げる際に「酒井鉄工所ならレンガ造りだから焼けないだろう」と、自分たちの家財道具を運び込んだものが、中で蒸し焼き状態になったものだった。猛火の中では外壁が堅牢で建物自体は焼けなくても、中にあったものが焼け失せた例は、たくさんあったそうだ。

劫火《ごうか》に襲われた熱が冷めるのを待ちかねるように、尚吉は工場内の機械類を分解、修理し始めた。前述のとおり、近所から運び込まれた家財道具が中で焼けたために、機械類の浴びた熱度は相当高かったらしく赤灼けがひどかったが、一応、形はとどめていたという。

まず、赤灼けしてザラザラになっている機械に油をかける。「油浸し」というほどの量の油をかけるのが、やけどした金具類の最初の治療で、これに油紙を覆っておく。次に一台ずつ順に、締めつけてある部分をすべて取り外す。外せないほど灼けついているボルト類はトーチランプで加熱し、軽くハンマーでボルトの頭を叩いてやると大抵外れた。

機械類の損傷は、火がその部分に当たったか、周囲に燃える物質が少なかったかで焙られた程度の差がわかった。油を滲ませてうるおし、面倒を見つつバラバラにほぐした各パーツを、今一度、新規に摺り合わせをし直して精度を出し、組み立て、使用に耐える機械にと組み上げる。

尚吉は毎日、こうした作業を他の職人たちとともに専念して、一歩ずつ灰燼に帰した工場を復興の途に就かせたのだった。焼け跡には当分、寝起きする場所もなく市電も止まったままだったので、桐ヶ谷から金杉橋まで大八車を曳いたりして、半年ほどは歩いて通い続けた。

関東大震災以後は、東京じゅうの町並みから商家の生活形態にかなりの変化が起きた。東都復興計画事業の大きな英断として、道路幅を大きく拡張することになったため、各家々の奥行きはぐんと減った。そのため、以前は大抵の商店が表側を店舗に、奥を住居にあててちょっとした庭ぐらいはある造りも多かったが、復興後は東京市街には店だけを置き、住まいは別の場所に作って、毎日店に通うことにした人々が増えた。

結婚後、尚吉はたった一人で「酒井精機製作所」を立ち上げる

工場の、そして東京の街の復興も一段落ついた昭和二（一九二七）年、尚吉は芝・浜松町生まれの小林喜代江と縁あって結婚した。三十二歳だった。夫婦は、二人の子に恵まれる。一人は後に私の父となる邦恭《くにやす》、もうひとりは伯母となる道子である。

一時、尚吉がバス会社に勤めていたことは前述したが、喜代江との結婚の際、彼女の実家から出された条件の一つに「他会社の勤め人という身分から退くこと。借家や同居でなく、自家に住むこと」というものがあった。そこで尚吉には、桐ケ谷の広い邸内の片隅に、父親や兄たちが暮らす豪邸とは段違いの普請ながらも、一軒建ててく

れた小さな家があてがわれた。

その後、尚吉は酒井鉄工所を辞めて独立。品川区大崎本町に六十坪余りの土地を借り、二階建ての住居を建てる。その一角を作業場とし、少しばかりの中古工作機械を集めて「酒井精機製作所」を開業した。昭和八（一九三三）年、尚吉三十八歳、喜代江二十九歳の時のことである。

この工場兼住居は、現在の大崎郵便局の裏手に当たる場所にあり、間口三間余り（約六メートル）で、三尺幅の大きいガラス戸四枚が事務所の入り口。左側の一間は工場への出入り口で、片開きの木戸がついていた。

事務所には間口のガラス戸から一間（約二メートル）をあて、入るとすぐの右隅に事務用木製テーブルを一つ置いた。それが尚吉の居場所だった。

奥へと一段上がると八畳の畳敷き、その奥が台所でそこからすぐに工場へとつながっていた。八畳間の右手でテーブルと接する所に、電話機を取り付けた細長い板が打ち付けてあった。

「酒井精機製作所」の看板は工場入口木戸の右肩に掲げ、同じ文字を事務所のガラス戸にも金箔で入れた。事務所らしく見せようという演出である。この家の真向かいに、老人一人でやっていた古金物の道具屋があったのを工具室代わりに使わせてもらい、雇い人は小僧一人を置いただけだった。

その頃、工場に一台しかなかったモーターは隅の一角にあり、天井の梁の上に通したシャフトの幅の大きなプーリーに、親ベルトという十〜十五センチメートル幅の広いベルトで結ばれていた。

天井にある長いシャフトは主軸。カウンターシャフトは中間軸で、カウンターシャフトから、真下にある機械にもベルトで結ばれていた。カウンターシャフトには力車と遊び車の二つのプーリーがついていて、天秤棒のような木製のベルト寄せが下がっている。それを左右に動かすことで、ベルトを力車に寄せれば機械は動き、遊び車にすると機械は止まるという仕組みである。モーターから機械まで力を伝えるには、三本のベルトが必要なのである。

毎朝、仕事を始める前に天井に梯子をかけ、軸受けに油を注《さ》すこと、これは小僧の仕事であり、始業ベルが鳴る前に済ませておくものだった。油を注しすぎると天井から油がポタポタとたれて職人が怒るし、注し足りなければ焼きついて工場全体が止まってしまう事故となった。

モーターのスイッチの入れ方にもコツがあり、一気に入れると親ベルトはモーターの回転についていかなくて外れてしまう。だから何回にも分けて次第にベルトを回転に慣れさせていくのである。モーターが全回転となり、親ベルトが一定のリズムで波打って回りだすと、木造の工場は微振動を響かせながら初めて本調子となり、独特の響きと唸りをあげて工場が息吹き始めた。

親ベルトが湿気や乾燥で伸び縮みして、所定の緩みがないとプーリーになじまず、力ばかり食ったりスリップしたりしてしまう。そんな時は、真っ黒な松ヤニ主体のワックスをベルトの内側に塗って調子を整えた。

もっともその頃、世の中は不景気の真っただ中。日本じゅうで、減俸や減収が相次いでいた。尚吉も八方飛び回ったが仕事の注文がない。でも、そこでくじけなかった。暇なうちにと、有り金をはたいて不足している機械の図面を徹夜で描いて木型を作らせ、その木型を川口の鋳物工場へ朝早く持っていって、鋳込みを頼む。こうして、やがて自家で使うであろう機械を自製する作業を繰り返したのだ。

不景気のさなか、天の恵みか、理化学研究所の仕事が入ってくる

ようやく注文にありついたのは、工芸学校同窓の麻生四郎氏の紹介で、O光学の機械加工だった。ところが光学という機種の性質上、一個一個の部品もとびきりの精度で仕上げなければならない。

尚吉は手持ちのボロ機械の面倒をみながら何回も何回も仕上げて持っていったが、検査になかなか通らず、徹夜をして油だらけになりつつ工夫を重ねた。思うように納品が進まずほとほと参りかけていたところ、天の助けか理化学研究所の仕事がもらえるチャンスに恵まれる。

通称「理研」と呼び慣れている理化学研究所は大正六（一九一七）年の創立以来、伏見宮を総裁に迎え、渋沢栄一を副総裁とし、数々の偉大な学者研究家によって継承、発展を遂げてきた。

それより前に、タカジアスターゼ、アドレナリンなどの発見創製で有名な高峰《たかみね》譲《じょう》

吉《きち》博士（薬学・化学、一八五四〜一九二二）などが大正二（一九一三）年に国民科学研究所を設立しようとしたが果たせなかった。ところが、第一世界大戦中にこのような研究所の必要性が唱えられ、渋沢栄一の尽力によって、晴れて大正六年に東京市本郷区駒込上富士前町（現・東京都文京区）に設立されたのだった。

理研の特色は、学者が各大学に籍を置いたまま自由に交流し、講座制もなく、予算は重点的機動的に用いられ、研究室相互間の情報の交換も活発だった。

初代所長は菊池大麓《きくちだいろく》博士（一八五五〜一九一七）。日本科学の夜明けであった。以後、池田菊苗《いけだきくなえ》、長岡半太郎、本多光太郎、鈴木梅太郎、寺田寅彦、仁科芳雄などなど錚々たる顔ぶれが次々に研究所の隆昌を担い、朝永振一郎や辻二郎その他の有能な科学者が、これに連なっている。

これらのメンバーがどんな研究を行うにもすぐにぶつかった問題は、測定器具や実験用機械であった。

高度の研究水準を支えるには、それにかなった工作陣が必要である。理研三代目所長の大河内正敏《おおこうちまさとし》博士はそうした基礎技術の重要性を考え、長岡半太郎博士推薦の下に、東大理学部の実験室から綾部直と小野忠五郎の二人をアメリカへ留学させ、精密機械技術を研修させていた。

どんなにすばらしい研究成果も、正確な実験設備や測定機器がなくては生まれず、またそれらの機器はマザーマシンである精度の高い工作機械によらなければ生まれない。実験だけが拠り所だった。

理研の工作係が大河内所長のもとで次第に成長し、精機部となっていた。


尚吉が府立工芸学校の同窓の中でも気の合う仲間だった、綾部直のもとを訪ねたのが、運命の扉を開いたきっかけである。

尚吉の近況を聞くと、もとより尚吉の成績や気性を知っている綾部氏は、一も二もなく仕事を出すことを約束された。「酒井精機製作所」はやっと、航路を探し当てた。酒井精機製作所にもようやく、輝く夜明けがやってきたのだ。

こうして理研から少しずつ、理化学実験用機械器具の注文がもらえるようになった。この間にも、手持ちの機械ではむずかしいような加工は理研内にある機械の使用を許されるなど、非常に厚い面倒をみてもらったのである。

何事に対しても熱意をもって処される大河内所長はある日、綾部氏から機器製作発注先のことを聞いて、自ら「酒井精機を見に行こう」と言い出された。このことが尚吉に伝わり、喜びと緊張は極に達した。

当日、家族一同揃って待っていると、黒塗りの光った自動車で大河内所長が来られ、まことに小さな酒井精機製作所をご覧になった。所長は尚吉に向かって「君のように大学を出て、実際に機械を使い、仕事の経験を積んでいる人は一番大切な人だ。しっかりやりたまえ」と励ましの声をかけて帰られたという。尚吉、喜代江ともにまるで「夢の中にいる」ような心持ちだった。

卓上フライス盤B型の注文を受け、工場を新天地に求める

仕事が軌道に乗るには、タイミングがものをいう。

理研が卓上旋盤（ベンチレース）を市販することが決まり、酒井精機製作所が毎月

十台ずつ作って納めることになった。ほどなく月に二十台を納入せねばならなくなり、尚吉はまさに嬉しい悲鳴を上げることになる。

先にも述べたが、とりあえず表道路の向かい側で老人がやっていた金物古道具茶屋の隣の長屋を一軒借りて製品置場にし、自宅も二階へ昇る階段の一段ごとにカウンターを一台ずつ置くなど、足の踏み場もない状況。家がかしぐのではないかと、本気で心配したほどだった。

そこへさらに新しく、「卓上フライス盤B型の製造も引き受けてくれないか」という注文が飛び込んでくる。そこで急遽、工場を新天地に求め拡充することとなった。昭和十二（一九三七）年、尚吉は蒲田区矢口町五一二番地に六百坪の土地を購入。新田神社の神官を迎えて地鎮祭を済ませ、工場と住宅を建てた。必要資金は勧業銀行から借りたが、この時も理研が援助の口ききをしてくれたそうだ。綾部直氏もお祝いに来てくださり、尚吉夫婦にとって最良の時だった。

新設の矢口の酒井精機製作所では、「エーテー」と呼んでいる文明設備を設置した。それは地下をかなり深く掘って巨大な縦型の釜を埋め込み、上部から薪を投げ込んで大量に湯を沸かす装置だった。当時としては珍しく、風呂や台所その他に配管して給湯できたから自慢の代物。若い衆たちは、これはいいとばかり風呂に入る際には出しっぱなしで入り、注意してもやめなかったという。彼らの多くは山形出身だったから、温泉気分で風呂に浸かっていたのかもしれない。

工場の周囲には鋳物がたくさん赤錆びて置いてあった。機械の主要部分は鋳鉄でできていて、鋳鉄は吹いて出来上がった後、何年も風雨にさらして長く置くほど、あとで狂いが出ないという理由からだ。

当時製作していた機械の加工の概要を少し説明しよう。

いろいろな形をした鍛造品や鋳物の材料に、染料の青竹をとかして塗ったものや、白墨で塗ったものに正確な寸法の罫書き線を入れ、平面はプレーナー機やシェーバー機で、初めは剣形のバイトで粗く、所定の寸法に近くなったところで平面に幅広く削る、ヘールバイトで仕上げる。

丸く加工するものは、大きさによってそれに適した英式・米式の旋盤や中ぐり盤に取り付ける。職人は、米式の八尺旋盤を「メリケンの八尺」と呼んでおり、三方チャックや四方締めに品物を取り付け、トースカンという針を立てたものを目安にして、手でベルトや四方締めを回しながら取り付けの位置の芯出しをした。

最初の孔は押しコップに接着したドリルで開け、次いで中ぐりバイトや剣バイトをカンナ台に取り付けて、カンナ台の前後左右の動きで次第に削っていく。

所定の寸法に近くなると、丸バスで当たりを見る。バスは腕の差があるもので、下手にやると所定寸法までは緊張しているものの、肝心なところでやりすぎてしまう。上手な職人は、間際までバリバリと削るが、肝心なところでさっと一発、細かくバイトを送って見事に仕上げるのだった。

こうしてできた製品は、鉄の塊とは思えないほどの光沢を放ち、油を塗られ、木箱に並べられる。これで、部品としての完成である。

溝を切ったり、角度つきの仕事はフライス盤の仕事である。それぞれの専用機もあるが、町工場ではユニバーサルミーリング機が、カッターアバーを付けたり、スロッターアタッチメントを付け替えながら、ある時はサーキュラーテーブルの上で、またある時はインデックスセンターで角度をつけて加工された。

歯車切りも割り出し機によってミーリングで加工され、ネジ加工は旋盤の親ネジに歯車を掛け合わせることで、送り速度を定めて加工された。

いろいろな機械加工が終わると、可動部分は組み立てにかかる前に仕上げ工が摺り合わせをする。加工物に似合った形と大きさの摺り合わせ定盤が基準となり、品物の摺り合わせ面に光明丹（四酸化三鉛を主成分とする赤色の無機顔料）やトリポリ（下地研磨用固形油性研磨剤）を油で溶いた物をボロ布で薄く塗りつけ、その上に定盤を合わせて軽く動かすと、凸の部分だけ光明丹がこすられる。そこを、キサゲ（鈍角で幅広の刃先を持つ工具）の元を腰に当てて体重を力に加えながら、人力で鉄を削るのである。

何回か当たりを見ながらキサゲで当たりを取ると、一定方向にきれいなキサゲ模様ができる。この模様にいろいろあって、どこの製品は細かく、どこの製品は綾に、という具合に、模様を見ればどこのメーカーの品かわかったそうだ。

こうして摺り合わせしたものは、平滑度をダイヤルインジケーターで測って合格すると、組み立てとなる。たくさんの部品をそれぞれ順序によって小部分組み立てをし、特殊なものは工夫を凝らしたヤトイ（治具）を使って組んでいくのである。

総合組み立てが終わると総合の検査が行われ、合格したところで外観塗装となる。きれいにお化粧された完成機械は木枠にボルトで固定され、トラックが来るのを待つのだった。

職人の世界はすぐに結果の出る仕事だから、腕の良し悪しは決定的である。うるさい職人は、就職して自分の機械が定まると、一応すべて分解して摺り合わせをし直し、精度を出してからでないと仕事をしない者もいたという。こういった人は自分専用の道具箱を持っていて、他人が触れないよう鍵をかけていたそうだ。

理化学研究所精機部は発展を続け、理研興業株式会社となった。東京以外の地方工場もでき、その中で、新潟県の宮内工場の仕事が主として酒井精機製作所へ来ることとなった。

酒井精機製作所で作り上げるフライス盤には「理研」の名が冠され、高い信頼度で海軍艦政本部に納められた。各軍艦に搭載されたのをはじめ、一流の大企業など各所へ納入された。

仕事の量は増加する上に工場は中央から離れていたので、酒井精機は理研宮内工場の東京駐在のような役割も引き受けるようになった。ネジ類はすべて「酒井精機の鑑定で購入してくれ」ということにさえなっていたのである。

この頃、測定工具類は尚吉のかつての同窓、石黒義三郎氏が経営する銀座の近常精機から求めており、マイクロインジケーター、ハイトゲージ、ノギス類などはみなここから買っていた。

尚吉は、発注から納入品の検査まで自分一人で行った。夕方、工場の仕事場から上がってきて事務所に入ると、ネジ業者から届いている麻袋をほどいてネジを取り出し、検査ゲージに通り側・止まり側をはめてみていた。細かい仕事ではあるが、検査の責任上、自分で試していたのだ。

とにかく何でも自分でやってのけ、自分で考え改良した機械工具や治具を使い、フライス盤加工の面倒なものは職人に任せず自分でやりとげた。

こうするうちにも、時代は徐々に戦時体制の色が濃くなっていく。

昭和十六（一九四一）年、大東亜戦争いわゆる第二次太平洋戦争が始まる。

戦時体制下、尚吉は
好条件の満州行きの誘いを断る

日本が連戦連勝だった昭和十七（一九四二）年頃、理研興業株式会社においても新潟の宮内工場が主体になって満州へ渡り、大陸を舞台に事業を拡める話が持ち上がった。そして尚吉にも、好条件で満州行きの誘いがかかる。

尚吉夫妻にとって、この時ほど決断をしかねて考え込んだことはなかったという。

満州へ満州へと草木もなびく時代である。大陸へ行けばそこに大きな花も咲き、実もなるといった、憧れと空想が日本国中に漂っていた。

自分たちも満州へ渡り、それこそ一挙に大工場の経営をしようか？　理研が保証しているのだから……と、自分たちさえその気になれば、すぐにも実行の運びが待っていたが……。

渡満せず。

熟慮の末、尚吉は決断する。

後になれば、この時の決断は酒井一家にとっては「吉」の賽《さい》の目だった。

理研から機械を運び、満州へ渡った人々は、大掛かりな工場設置や機械の据え付けが終わって、さあこれからというところで敗戦を迎え、以後、大変な辛酸をなめることとなった。かつて尚吉がお世話になった多くの方々は外地で家族を失ったり、本人が亡くなったりした例も少なくない。

わずかに生き残り、命からがらの状態で引き揚げてきた人たちに、知己として何かしてあげたくても、世間全般は「露の命を保つのにやっと」という時代であったのだ。酒井精機製作所も空襲によって灰燼に帰し、何ひとつしてあげられなかったことは痛恨の極みと言うよりほかにない心境だっただろう。

もしあの時、自分も一家をあげて満州へ渡っていたら、死ぬかシベリアに送られるか、はたまた家族散り散りか、何とか帰国できたとしてもすでに中年を過ぎている尚吉には、若い頃のような再出発は到底不可能だっただろう。

尚吉の決断には、学生時代にほんの少しであっても満州を自分の目で見た感覚が、大きく作用したのかもしれない。ほとんどの人が、命令と他人の判断で自分の行動を決定した時代に、現地を見た感覚が尚吉に、地に足のついた判断をさせたのではないだろうか。

尚吉が満州行きの話を断った後、ほどなくして理研興業株式会社自体が中島飛行機の協力工場となった。それにともなって、酒井精機製作所には「皇国第〇〇工場」という看板が掲げられた。

すると不思議なことに、物資の配給がどんどん運ばれてきて、米や味噌、醤油、食用油、缶詰などの食用品をはじめ、石鹸、タオル、ふとん、布地、作業服、軍手、靴下、靴、墨などの類までかなりの量が配達されてきた。大げさではなく、百人を養っても二年間以上は補給の必要がないと思われるほどの量だったという。

しかしこれらも、昭和二十（一九四五）年四月十五日の空襲で、すべて消え去った。それどころか、尚吉の粒々と築き上げた事業と、それに付随することごとくが無に帰してしまったのだった。

同年八月十五日、終戦。

生活のために必要な物資が絶対数として不足し、人々が鵜の目鷹の目でこれを漁れば、必然的に起こるのは物価騰貴。その次には貨幣価値の下落、つまりインフレである。

焼け出された尚吉も、ぐずぐずしてはいられないと、まず住む所の算段を急いだ。

幸いなことに、土地の購入に熱心だった尚吉が開戦直前の昭和十六（一九四一）年に、ベルツ丸《がん》という売薬発売元の社長が大森区調布嶺町《みねまち》（現在の大田区北嶺町《きたみねまち》）に持っていた土地三五〇坪余りを譲り受けてあったので、地点は決まっていた。

大工に、約三十坪の住宅と三坪の物置を注文し、早速建築にとりかかってもらうことになったが、発注を決める段になった時、通貨の「新円切り替え」が行われた。ラジオでその第一声を聞くと、尚吉夫婦はすぐに材木店へ飛び込んで建築費全額を即座に旧円で支払うことに話をまとめた。

新円切り替えとは、インフレの防御策として政府がとった貨幣改革だった。切り替え以後は、国民一人が月額五百円、一世帯三千円までを流通の限りとし、銀行に預金があってもこれ以上は引き出すことが許されない。応急処置として、旧紙幣に新円証紙を貼り付けて流通させたのだ。

尚吉が、間一髪の差で材木店への支払いを旧円で済ませたことは大成功で、もしこれをやらなかったら家の建つのが何年も遅れただろうし、それに伴うあらゆることが後手になったことだろう。

しかしながら、戦後のさまざまな混乱は続き、なかなか秩序が立たなかった。仕事を始めようにも、焼けた機械を眺めていたところで以前のような精密な加工はできないと諦め、尚吉は機械類をすべて売却する。灰の下には非鉄金属類の価値ある材料が埋もれていたはずだが、掘り返してみれば、それらはすでに何者かによって運び出されたあとだった。

戦後、尚吉は、十九歳の息子、邦恭にすべてを任せる決意をする

どうにかこうにか家が建って一段落すると、尚吉夫婦は工場の再建を懸命に考え、息子の邦恭は麻布中学から早稲田へ、娘の道子は東洋英和女学院へ通うようになった。

ある日のこと、尚吉は邦恭を前に呼んで改まった口調でこう切り出したという。

「俺は以前から、五十までは真剣に働く、そのあとはゆっくりさせてもらうという決心で、これまで全力を尽くしてきた。だが、この通り五十になったら戦争で全部が灰

になっちまった。本来は生まれ変わった気でやるべきだとは思うが、世の中を見ているとどうも俺の時代ではなくなっているように思われてならない。

できることなら以前のように機械の仕事をするのがよいとは思うが、それはいずれにせよ方針が立つだろう。なあ、邦恭、これから一つお前が主になってやれ。別に俺は遊ぼうの寝ていようのと言うんじゃない。何でもできる限り協力してやるから、当主はお前だということでやってみろ。

今、家には現金が二十万ある。本当はもっともっとあるのだが、封鎖されている財産なんてあてにならない。ここに銀行通帳がある。今なら、このまま食っていっても一生食えるくらいはあるが、貨幣価値はどんどん変わるから、どうなるかは全くわからない。

お前が自分で、これならできる、やってみようというものがあったら、それでもいい。今すぐに返答するのはむずかしいだろうが、若い者、つまりお前が主になるということだけはここで決めようじゃないか。主導権はお前にある。俺は協力者になるから、思い切りやってみろ」

酒井《さかい》邦恭《くにやす》、つまり私の父はこの時、頭の上から百トンの石が落ちてきたような衝撃を受け、全身の血が引くような感覚を味わったという。返答などとてもできず、ただ「うん」と答えただけだったそうだ。昭和二十二（一九四七）年も明けたばかり。邦恭十九歳の時のことだった。

のんきな一学生だった邦恭の、人生の場面がガタンと音を立てて変転した。これまで両親の廂《ひさし》の下で守られていたにすぎない自分が、今日から家の事業の主導権ある場に立たされたのだから、邦恭はあわてざるを得なかった。学生の身で、これまでに商売らしいことをしたこともない。そんな自分はさて、これから何を仕事としようか。

思慮の定まらないまま外をうろついても仕方がない。邦恭は、これまでの我が家の稼業について、また自分は果たしてどういう方向に適した人間か……など思いを巡らせるうち、やはり何か技術を修得することから始めるべきだ、と考えた。先祖代々「物を作る」ことが家職であった者たちの、自分は後裔《こうえい》であると気づいたのだ。

二、三日後のある日のこと。ＮＨＫのラジオが職業指導の案内を放送していた。傘の修理を教えるという。

よし、傘の修理でも何でもいい。傘なら傘の修理を修得して、製造会社をやるのもいいじゃないかと邦恭は思った。どこで教えるのか聞きもらしたのでNHKに出かけて聞いてみたが、傘の修理の件は要領を得ず、その代わり「塗装の指導なら府立工芸学校の中で職業指導をしている」と教えてくれた。

塗装、要するにペンキ屋である。

ペンキ屋では「将来、製造工場を」につながらなかったが、邦恭は「とりあえずは習っておこう」と思った。というのも、教えてくれる先の府立工芸学校は、父・尚吉の出身校。邦恭は何か因縁のようなものを感じたのだった。

受講者は十二、三名で、軍服のままの復員兵もいれば、どこかの店の小僧のような人もいて、学生は邦恭一人だけ。指導主任は坂田秀太郎先生で、助手が竹内健二先生、講習期間は六カ月ということだった。

まず刷毛《はけ》の持ち方から始まり、塗料の種別、ヘラ木の作り方、スプレーガンの持ち方など、初歩から始まって一通りの実技指導を受けた。その主たるものは木工塗装だから、結局は「ペンキ屋さん」である。

邦恭は、実習を受ける一方で早稲田へも通う、両天秤生活だった。塗装屋をすぐに開業するつもりだったので、順序としてはともあれ早稲田の卒業を目指すこととし、塗装の修業は「仕事をやりながら、わからなければその時に教わればいい」と考えて、三カ月足らずの時点で辞めてしまった。

邦恭が塗装の仕事をやると言うので、尚吉と喜代江はそれなりに「何か手づるになる人を」と気を配り、ある人の紹介で阿久津という塗装屋に会うことになった。邦恭が母とともに本所にあったその店を訪ねると、小さな店ではあったが「きちんと手堅くやっていけば、いい商売ですよ」という程度の意見を聞かせてもらった。

さらに、酒井精機製作所時代に機械の塗装をさせていた所があるのを思い出し、下《しも》丸子《まるこ》の矢口西小学校近くにあった綱島塗装店を訪ねてみた。主人は年配の人だったが、ここでも「いい商売ですよ」程度の意見しか聞けなかったが、工場でやる塗装がいいこと、職人も必要なら世話をしてくれるとのことだった。

尚吉の方は、戦後に知人がどうしているかと訪ね当たってみていたところ、酒井鉄工所時代の徒弟だった栗山新吉氏が、目黒不動尊前の吉丸製作所で工場長をしていることを知る。尚吉はそこへ、「再起の足場作りのために俺を入れてくれ」と頼み込み、話をつけてきた。邦恭は「お前も来い」と言われ、父子二人で菜っ葉《なっぱ》服を着て家を出た。

この時、「どういうわけか情けなく思った。今も忘れない」と後に邦恭は語っている。

それまで近所世間から坊っちゃん扱いされていたし、家も工場もすべて焼けたが、カネは沢山あるのだという気持ちをどこかにいつも抱いていた。また自然に元の境遇に戻れるさ、といった甘い考えが残っていたのが、この菜っ葉服出勤の朝、一挙に吹き飛んだという。

吉丸製作所では、製縄機を作っていた。だが尚吉はそこで、自分で基礎用ボルトや何かと役に立ちそうな道具をどんどん作っていった。いかにも尚吉らしい話である。

しかし、このあたりに栗山氏と尚吉との考えに食い違いのあることが、後でわかる。栗山氏としては、尚吉は先輩だし腕が立つことはわかっているので工場のために役立ってくれるだろうと思っていた。一方、尚吉は、自分のゼロからの出発に栗山氏が便宜を図ってくれるものと信じていた。

二カ月ほど経つうちに、こうした思い違いが表面化し、尚吉と邦恭は吉丸製作所を辞めた。

昭和二十二（一九四七）年、戦災で全焼した酒井精機製作所の焼け跡へ、十九・五坪の工場を建てた。ゼロからの出発第一回目が、昭和八（一九三三）年、尚吉・喜代江夫婦が独立をして大崎に工場を開いた時なら、今回は第二回目のゼロからの出発。邦恭の身も心もキリリと引き締まった。

工場は一部が二階建てで、すぐに三坪増築して二十二・五坪に。そして同年八月、資本金十八万五千円で「太陽塗装工業株式会社」が発足した。

設備の中枢となる焼き付け炉は、今から考えるとおもちゃのようなものを六郷の賀沢製作所に、漫画のような図面を描いて渡した。それが出来上がると、自分たちでリヤカーを引っ張って取りにいき、工場に運び込んだ。あとは、スプレーガン、ホースなどと排風用のファンが一基あるだけだった。

現在の分社グループの中心をなす太陽工業のゼロからの出発だが、江戸の鍛冶屋から始まって、明治維新を経てたばこの細刻機製造、機械による歯車製造、そして理化学研究所の下請け、塗装業。塗装の仕事はその後、プリント基板製造に変わっていくが、このあたりで止めにしておく。

こうして酒井四百年の歩みを振り返ると、日本のものづくりの流れの一断面が見えてくる。

こうした家は日本全国に数多いだろうが、それぞれに固有の人間の歴史がある。ものづくりの家でなくても、今、こうしてここに存在している以上は、必ず今につながる命の連続があったわけで、途切れていれば今の命は存在しない。その糸は危うく切れかかったかもしれないが、その時々の先人が懸命の努力で次世代につないだのだ。

私はなによりものづくりの家、ものづくりを尊ぶ風土の国に生まれたことを喜ばずにはいられない。そして現代の日本人は、こうした生真面目で勤勉な先達がつないだ糸を切るわけにはいかないと思う。

われわれはこれからも、常に工夫して汗を流して勤勉に働き続ける。その連続の中に新しい時代が生まれてくるが、わがグループの中には今も、金物屋伝右衛門、酒井太郎吉、尚吉、邦恭の血は滔々と流れている。

隆々と繁栄した国がいつの間にか消亡している例は数多い。これほど自然の災害が多い国は珍しいといわれながら、幾千年の歴史を保ってきた日本は、これからも歴史に培われた美風を保たねばならない。持続するための努力を重ねていかねばならない。その努力はおそらく、ものづくりを継続させていくことにある。

おわりに

一、暫時《しばし》も止まずに　槌打つ響
飛び散る火の花　はしる湯玉
鞴《ふいご》の風さへ　息をもつがず
仕事に精出す　村の鍛冶屋

二、あるじは名高き　いつこく老爺《おやぢ》
早起き早寝の　病《やまい》知らず
鐵より堅しと　誇れる腕に
勝りて堅きは　彼が心

文部省唱歌「村の鍛冶屋」（一九一二年）

この歌から、鍛冶屋は頑固で働き者だったことがわかる。日本では、神話の時代の神様もみな働いていた。それなのに、働くことを肯定的に見ない風潮が、戦後の日本には広がっている。勤勉でなくなれば、日本人は日本人でなくなってしまうと私は思っている。

世界が日本人の良さとして挙げる「礼儀正しい」「勤勉」「清潔好き」「性質が柔和」など数々ある中に「ものづくりに強い興味を抱く性質」であることも、良い特徴として含まれると思う。

幕末明治に西欧の植民地にならずに、アジアで唯一近代化に成功した日本の秘密はどこにあったのであろうか？　自分がたまたま生まれた家が、ものづくりのＤＮＡを受け継ぐ家系だったこと、そして、このものづくりに挑む日本人の熱情がアジアで唯一近代化に成功し、西欧の人々を驚嘆させたこと、その血が自分の中にも流れていることに気づき、本書を著わす気になった次第である。

最近、自分史や社史が出版社の商売につながることもあり、流行っている。

しかし、この本はそうしたものとはちがう。本来、人は他人の自慢話などは聞きたくない。失敗話ならおかしく、蜜の味と少しは聞く人もいる。ところが、この本は、自慢話でも失敗話でもない。日本が好きな人なら「そうだ！　そうだ！」と読んでくれるだろうと思い描きながら、書いたつもりである。

「人は生きていると同時に生かされている」と、つくづく思う。

食べることは他の生物の命を戴いていることであり、人も自然の一部と考える日本人は、人間も動植物も同じステージを生きる仲間とみている。だからその命を戴いてこそ生きられることを自然と感得し、「いただきます」という。これは生かされていることへの感謝なのである。

神社仏閣には、動物の霊を祭ったところが数多くある。たとえば靖国神社には、鳩や馬、犬など、戦争で共に戦った動物の慰霊碑があり、慰霊祭も行われている。どこにこんな国があるだろうか。

食物ばかりか、人は国や社会という公によっても、生かされている。

私の先祖は、明治時代に機械加工による歯車を日本で初めて作った。歯車というのはシャフトの回転で歯車を回し、力をつなぎ、伝えていく役目をしている。これがなければ、機械はみな動かなくなる。

歯車は、「組織の歯車」など、とかく人生をつまらぬものと矮小化した見方の象徴に使われる。しかし、ものづくりのDNAは人生が歯車になることを奨励する。歯車の大小は問わない。

現代は「私《わたし》」が大事な時代で、公のことは考えない。なので、自分探しとか、自分は、私は、僕は、と個人中心の何かを探そうとする。

公が尊いと考える私には、「自分主義」の彼らはとても大変だろうなぁーと思う。そしてその考え方に固執するのは、不幸なことのようにも見える。

この本の内容を一言でいえば、「日本という公の中で私という歯車になる。これでいいじゃないか」ということである。

こんなたとえがある。

子供を世間に送り出すとき母親は、中国では「騙されないようにしなさい」と言い、韓国では「一番になりなさい」といい、日本では「人に迷惑をかけないように」という。こんなたとえにも、日本人が「世間という公」を「私」より上位に位置付けている姿勢が感じられる。

出版にあたり編集の労をいただいた鈴木裕子様、方丈社編集部の小村琢磨様、宮下研一社長に、心より感謝と謝意を表します。

二〇一六年十一月

酒井陽太

参考文献・参考資料

「〈もの〉と日本人の文化誌」秋山忠彌著／雄山閣　H9年
「機械装置師の末裔」　酒井邦恭／大陽工業株式会社
「たばこの事典」たばこ総合研究センター編／山愛書院
「福寿草からききょうまでー刻たばこ製造技術史」八木沢勝、上野智　共著／たばこ総合研究センター
「調査報告　明治の国家財政を支えた煙草産業～刻みたばこ機の変遷～」酒井陽太、佐口典之／産業考古学界第153号　2016年3月
JTウェブサイト「塩とたばこの博物館」
JTウェブサイト「たばこ」

酒井陽太（さかい ようた）

昭和26年（1951）東京に生まれる。子供の頃は昆虫、カタツムリと金魚が大好きであった。中学の時、祖父母の旅土産に栃木県塩原の木の葉化石をもらい、木の葉が石になった不思議に感動。大学ではコンピュータと会計学を学んだが、在学中から内水面漁業に興味を持ち、ウナギの養殖とワムシの研究を始める。大学卒業後すぐに養殖の研究のため東南アジア（香港、シンガポール、スリランカ、フィリピン）を巡る。この時、スリランカで宝石の発掘に好奇心をくすぐられ、帰国後、日本宝石学協会に出入りさせてもらう。このことがきっかけとなり、奇石博物館の運営に関わることに。岩石鉱物のことを、この世界の泰斗、益富壽之助先生（1901～1993）にご指導を受ける。

昭和55年、奇石博物館を財団化し、現在、一般財団法人地球の石科学財団として理事長を務める。平成4年、家業の製造業であるエレクトロニックスの事業を引き継ぎ、大陽工業株式会社の代表取締役と共に、父が作り上げた分社グループ17社の代表を務める。

略歴

昭和49年　東京理科大学工学部卒

昭和51年　奇石博物館館長

現在　　　大陽工業株式会社社長及び
　　　　　分社グループ17社代表
　　　　　社会福祉法人白陽会理事長
　　　　　一般財団法人地球の石科学財団代表理事
　　　　　医療法人麻陽会常務理事

ものづくり日本《にほん》の源流《げんりゅう》

2016年12月14日　第1版第1刷発行

著　者　酒井陽太《さかいようた》
発行人　宮下研一
発行所　株式会社方丈社
〒101-0051
東京都千代田区神田神保町1-32 星野ビル2階
電　話　03-3518-2272
ファックス　03-3518-2273
ホームページ http://hojosha.co.jp

印刷所　中央精版印刷株式会社
ブックデザイン　原条令子デザイン室

ISBN978-4-908925-03-0